ZHINENG CAIWU:CHONGSU GUANLI
KUAIJIDE XINFANSHI

智能财务：
重塑管理会计的新范式

杜志阁◎著

中国出版集团有限公司
China Publishing Group Co., Ltd.

现代出版社

图书在版编目（CIP）数据

智能财务：重塑管理会计的新范式 / 杜志阁著.
北京：现代出版社，2025.4. —— ISBN 978-7-5231
-1414-8

Ⅰ．F275-39

中国国家版本馆 CIP 数据核字第 2025T4X476 号

智能财务：重塑管理会计的新范式
ZHINENGCAIWU: CHONGSUGUANLIKUAIJIDEXINFANSHI

著　者	杜志阁
责任编辑	袁　涛
责任印制	贾子珍
出版发行	现代出版社
地　址	北京市安定门外安华里 504 号
邮政编码	100011
电　话	(010) 64267325
传　真	(010) 64245264
网　址	www.1980xd.com
印　刷	三河市九洲财鑫印刷有限公司
开　本	889mm×1194mm　1/16
印　张	12.75
字　数	180 千字
版　次	2025 年 4 月第 1 版　2025 年 4 月第 1 次印刷
书　号	ISBN 978-7-5231-1414-8
定　价	69.80 元

前　言

　　随着信息技术的迅猛发展和数字化转型的深入推进,智能财务作为管理会计的新范式,正在逐步改变传统财务管理的模式。智能财务不仅依赖于自动化、数据分析和人工智能等先进技术,还需要结合企业内部管理流程的创新和优化。2021 年 12 月国务院发布《"十四五"数字经济发展规划》,明确提出要加快信息技术和数字经济与各行业的深度融合,推动智能化应用在财务管理中的广泛应用,政策的出台为智能财务的发展奠定了坚实的政策基础。本书旨在深入探讨智能财务在管理会计中的应用,尤其是其如何重塑企业财务管理模式,推动预算管理、绩效评估和决策支持的智能化转型。通过系统化的研究,旨在为企业管理层、财务人员,以及学术研究者提供全面的智能财务理论框架、技术支撑和实施路径。

　　本书深入探讨智能财务的多维度内容,系统地涵盖了从基础理论到实际应用的各个方面。书中介绍了智能财务的基本概念、内涵,以及技术支撑,分析其对传统管理会计的深远影响。重点阐述智能财务体系的构建,包括数据驱动的财务决策、智能预算与成本管理,以及智能绩效管理与评价等核心内容。进一步探讨智能技术在管理会计中的实际应用,涉及预算管理、决策支持、绩效管理与税务管理等领域。书中还提出智能财务实施路径,详细描述实施的关键步骤,如流程设计、组织保障、技术选型和系统优化等。本书为智能财务的理论与实践提供了全面、深入的指导，具有较高的学术与应用价值。

智能财务的出现，标志着财务管理向高效、智能化方向的转型。其意义不仅在于提升企业运营效率，还体现在助力企业进行精确预算、加强成本控制、优化税务管理、支持战略决策等方面。对于企业来说，智能财务能够极大提高资源配置效率和决策的科学性，有助于企业在动态的市场环境中迅速适应并作出应对。智能财务不仅能够对企业内部管理产生深远影响，还能够推动社会经济的转型升级。随着信息技术的深入应用，智能财务在行业中的普及将促进财务管理的现代化，推动更多行业实现智能化发展，从而为经济社会的可持续发展提供强有力的支持。

目 录

第一章 智能财务的基础理论与背景

第一节 智能财务的概念与内涵

一、智能财务的定义

随着信息技术的飞速发展，企业财务管理正经历着一场深刻的变革。智能财务作为这一变革的重要组成部分，正通过高效的数据处理和智能化分析，改变着传统财务管理的方式。企业不再仅仅依赖人工操作，而是借助人工智能、大数据、云计算等技术，提升决策的效率与准确性。智能财务不仅在预算、税务、风险管理等方面带来了显著的提升，还为企业管理层提供了更具前瞻性的决策支持。

（一）智能财务的基本概念

智能财务是指利用现代信息技术，如人工智能、机器学习、大数据分析、云计算等，重塑和优化传统财务管理的模式。[①]它的核心目标是通过自动化、智能化和实时化的手段，提高财务管理的效率、精度和透明度。智能财务通过数据驱动，能够实现财务数据的实时采集与处理，自动生成财务报告，并通过算法分析和机器学习技术实现财务预测、风险预警等功能。转型使得企业财务管理摆脱了传统的手工操作和烦琐的人工流程，能够在更短时间内做出精准的决策，提升财务管理的响应速度和决策支持能力。大型企业通过智能财务系统实现了财务数据的自动

---

① 蔡玉标. 数字经济时代智能财务生态构建研究 [J]. 中国市场 , 2024, (36): 193-196.

化收集和实时分析，财务人员可以即时获取最新的财务状况报告并且系统能自动识别潜在的财务风险，提前预警，避免人工操作带来的延误和错误，提升企业的财务管理效率。

（二）智能财务的技术支撑

智能财务的实现依赖于多项先进技术的协同应用，主要包括人工智能、云计算、大数据分析和区块链等。[①] 人工智能通过机器学习和算法优化财务决策流程，能够自动识别和分析复杂的财务模式，从而提升决策的智能化水平。大数据技术则使财务管理可以基于海量的历史数据进行深度分析，为预算编制、现金流预测和风险控制提供更加精确的支持。云计算提供了高效、灵活的数据存储与计算能力，使得财务数据可以实时共享和处理，降低了企业 IT 成本，并提升了系统的扩展性与灵活性。区块链技术通过增强数据的透明度与不可篡改性，确保了财务数据的安全性，防止了数据泄露或篡改的风险。一家金融企业利用大数据技术分析客户的财务行为，精准预测现金流波动，优化了资金调度和风险管控，大大提升了财务管理的精确度和反应速度。

（三）智能财务与管理会计的关系

智能财务与管理会计紧密相关，二者在企业财务管理中扮演着互补的角色。管理会计的主要任务是为企业决策层提供财务信息支持，包括成本控制、预算编制、绩效评估等。[②] 智能财务通过引入先进的技术手段，尤其是人工智能、大数据分析和自动化工具，显著增强管理会计的效率与精准度。智能财务能够实时采集和分析财务数据，帮助管理会计人员更快速、准确地识别潜在的成本浪费，优化资源配置。

（四）智能财务的作用与功能

智能财务的作用涵盖了提升财务管理效率、降低运营风险、增强决策支持能

---

① 刘小虎,许琳涓,吴洁,等.智能财务共享的建设实践——以广西烟草为例 [J]. 会计之友, 2024, (24): 31-35.

② Guo R. Research on the Development of Interdisciplinary Studies in Finance and Economics Universities: A Case Study of Smart Finance[J]. International Journal of New Developments in Education, 2024, 6(11): 7-9.

力和优化财务透明度等多个方面，通过自动化财务流程和报告生成，智能财务能够显著提高财务数据的准确性和及时性，减少人为错误，并大幅提升工作效率。智能财务通过实时数据分析和预测功能，帮助企业及早识别潜在的财务风险，从而及时采取措施进行调整或规避。

智能财务作为财务管理的未来发展趋势，必将深刻影响企业的运营模式和财务管理体系。它通过先进的技术手段，提升了财务工作的效率和准确性，同时增强了决策支持的能力。随着技术的不断创新，智能财务将在更多领域发挥其巨大的作用，帮助企业在复杂多变的经济环境中实现可持续发展。

二、智能财务的核心特征

智能财务是传统财务管理与现代技术结合的产物，具有独特的核心特征。通过数据驱动的决策支持、实时性与自动化、智能化的风险管理，以及跨部门协同与集成化，智能财务能够显著提升企业的财务管理水平，优化资源配置，提高运营效率，以下将详细阐述这些核心特征及其实际应用。

（一）数据驱动的决策支持

智能财务的核心特征之一是数据驱动的决策支持，通过大数据、人工智能和机器学习等技术，智能财务能够从海量财务数据中提取关键信息，为管理层提供精准的决策支持。[①] 相比传统财务管理依赖人工分析和判断，智能财务依托先进的数据分析技术，能够实时生成财务报告，并通过数据模型进行深度分析，预测未来财务发展趋势，帮助决策者制定科学合理的战略。阿里巴巴通过智能财务系统，利用大数据分析处理全球数百万用户和交易产生的财务数据。系统可以实时分析销售数据、支付情况及各类财务指标，帮助管理层及时调整策略。阿里巴巴根据数据分析结果优化了全球物流和支付平台的资金调度策略，提升了跨境电商的财务管理效率。数据驱动的决策支持不仅提高了阿里巴巴的财务透明度，还显著提高了决策的精确度。

---

① 银盈，康艳芳.人工智能时代企业财务会计向管理会计转型的研究 [J]. 中国市场，2024,
(31): 139-142.

（二）实时性与自动化

智能财务的另一个显著特征是实时性与自动化，传统的财务管理方式往往依赖手动操作和周期性的报告生成，这导致决策者无法及时掌握最新的财务状况。智能财务通过自动化技术，使得财务数据的采集、处理和报告生成可以实现实时化，极大提高了响应速度和操作效率。自动化工具还能减少人工干预，降低人为错误的风险，确保财务管理的精准性。京东的智能财务系统通过集成自动化工具，实现了财务数据的实时采集和处理。每当一个订单完成后，系统会自动更新相应的财务数据，并及时生成财务报表，供管理层进行实时分析。自动化流程不仅提升了财务部门的工作效率，也使得公司能够快速响应市场变化，优化库存管理和资金调度。通过实时自动化的财务管理，京东能够在极短时间内做出高效的资金决策，确保运营资金的合理使用。

（三）智能化的风险管理

智能财务的第三大特征是智能化的风险管理，通过机器学习和大数据分析，智能财务系统能够识别潜在的财务风险并提供预警。这些系统不仅能够监测常规的财务数据，还能够根据历史数据和市场变化，预测未来出现的风险，帮助企业及时采取应对措施。智能财务的风险管理功能，不仅能减少财务损失，还能优化企业的资金配置与战略布局。[①] 全球知名的金融公司摩根大通通过智能财务系统进行风险监控，利用机器学习分析市场波动、客户行为及交易数据，及时识别潜在的信用风险和市场风险。摩根大通的风险管理系统曾在股市震荡期间，通过对市场交易数据的实时分析，预测到一个金融产品的潜在违约风险，提前发出预警，避免了公司在金融危机中的重大损失。智能化的风险管理不仅保障了公司财务的稳定性，也提高了其应对突发事件的能力。

（四）跨部门协同与集成化

智能财务的另一个核心特征是跨部门协同与集成化，传统的财务管理常常局限于财务部门，信息流转缓慢，影响决策效率。智能财务系统通过集成各类数据

---

① Fueltrax Rolls Out Smart Financing Program[J]. Wireless News, 2024, 10(1): 17.

和系统，能够促进财务部门与其他部门（如销售、采购、生产等）的协同合作，实现信息的快速共享与无缝对接。集成化的系统不仅提高了工作效率，还能帮助企业优化资源配置，推动整体运营效率的提升。福特汽车公司采用了智能财务系统，将财务管理与生产、销售等各部门的数据进行集成，实现了跨部门的信息共享。通过集成化的智能财务系统，福特能够实时跟踪全球市场需求的变化，自动调整生产计划和资金分配。在一地区出现销售增长时，系统会自动调配更多的生产资源，并通过财务系统确保资金及时到位，从而避免了生产资金短缺或过剩的情况。福特的跨部门协同与集成化的智能财务系统，显著提升了其全球运营的效率和灵活性。

智能财务的核心特征包括数据驱动的决策支持、实时性与自动化、智能化的风险管理和跨部门协同与集成化。这些特征不仅推动了财务管理的现代化，还大大提升了企业的运营效率和决策水平。通过应用这些核心特征，企业能够更好地应对市场变化、优化资源配置，并提高整体财务透明度和健康水平。随着技术的不断发展，智能财务将进一步变革传统财务管理，为企业创造更多价值。

三、智能财务与传统财务的区别

智能财务与传统财务在多个方面有所区别，尤其是在财务流程的数字化与自动化、决策支持的智能化、数据处理与分析的精度与速度，以及战略价值的提升与转型等方面。传统财务往往依赖手工操作和静态报表，而智能财务则通过引入先进技术（如大数据、人工智能、云计算等）来提升效率、优化决策、加强风险管理，并使财务管理更具战略性，以下将详细阐述这些关键区别。

（一）财务流程的数字化与自动化

智能财务与传统财务的主要区别之一在于财务流程的数字化与自动化，传统财务管理大多依赖人工输入、计算和报告生成，容易出现数据错误和处理延迟，而且流程烦琐、效率低下。[①] 智能财务通过数字化工具和自动化系统来处理财务数据，简化流程，提高效率，减少人为干预。智能财务系统能够自动生成财务报表、

---

① Fueltrax Launches Smart Financing Program[J]. Manufacturing Close-Up, 2024, 5(1): 10-12.

自动进行预算编制、自动化处理发票和付款请求等，极大地提高了工作效率，且几乎消除了人为错误。海尔集团采用智能财务系统后，财务部门实现了自动化的财务报表生成与预算编制。传统的手工财务报表需要几个工作日才能完成，而智能财务系统则可以在几分钟内完成。数字化与自动化使得财务部门节省了大量时间和人力成本，同时确保了报表的及时性和准确性。

（二）决策支持的智能化

在传统财务管理中，决策支持往往依赖于财务经理的经验和静态的历史数据，决策的速度和精确度常常受限于数据的准确性和实时性。而智能财务则通过人工智能、机器学习和大数据分析技术，将决策过程智能化，使得管理层能够依据实时的数据和预测模型作出更加科学、精准的决策。智能财务不仅可以为企业提供历史财务数据的分析，还可以通过预测未来的财务趋势，为企业提供决策支持。国际零售巨头沃尔玛通过引入智能财务系统，利用大数据和人工智能分析全球销售、库存和供应链的动态信息，实时预测不同市场的销售趋势及库存需求。系统通过对过往销售数据的深入分析和对季节性波动的预测，帮助沃尔玛高层及时调整商品采购和库存配置，从而降低了库存成本并提高了销售效率，智能化决策支持大大提升了沃尔玛的运营效率和盈利能力。

（三）数据处理与分析的精度与速度

智能财务与传统财务的另一个显著区别在于数据处理与分析的精度与速度，传统财务多依赖于手工数据输入与基础的财务分析工具，数据处理的精度较低，且需要大量时间进行汇总和分析；而智能财务依托大数据技术、机器学习和人工智能，能够处理海量数据，并实时生成精确的财务分析报告。智能财务系统可以通过算法识别数据中的潜在趋势和异常，提供实时预警和准确的预测，帮助企业快速做出反应。中国银行引入智能财务系统后，利用大数据分析对全球客户的交易行为进行实时监控，迅速识别出存在的欺诈交易和异常资金流动。传统人工审查的方式通常需要几个小时甚至几天，而智能财务系统通过自动化分析几乎可以在瞬间识别出风险交易。通过精确且快速的数据处理，中国银行能够大幅提升风险管理效率，减少了欺诈损失和资金风险。智能财务与传统财务数据处理与分析的比较如表 1-1 所示。

表 1-1 智能财务与传统财务数据处理与分析的比较

方面	传统财务	智能财务
数据处理方式	手工输入数据与基础的财务分析工具	借助大数据技术、机器学习和人工智能处理海量数据
数据处理精度	精度较低,容易受到人工操作的影响	高精度,自动化处理能消除人为误差
数据分析速度	需要大量时间进行数据汇总和分析	实时数据处理,几乎瞬时生成财务分析报告
趋势与异常识别	手工审查较为困难,发现潜在趋势和异常需要较长时间	自动化算法实时识别数据中的潜在趋势和异常
风险管理能力	依赖人工审核,效率低下,错过快速识别的机会	精确且快速的分析能力,可以及时识别并预警潜在风险
应用场景	适用于小规模或简单的财务环境,人工审查较为常见	适用于复杂、动态、海量的数据环境,尤其是银行等行业

（四）战略价值的提升与转型

智能财务不仅在财务管理层面带来效率的提升,它还具有重要的战略价值,能够帮助企业从财务管理向战略决策层面转型。传统财务部门更多承担的是记录、监督和合规等基础职能,财务分析主要集中在过去的财务数据上。而智能财务则通过数据挖掘和智能化分析,能够将财务数据与市场、业务、客户等数据相结合,提供更具战略意义的洞察,从而支持企业在业务创新、市场拓展和资源优化等方面的决策。腾讯公司通过智能财务系统不仅提升了财务数据的处理效率,还将财务分析与企业整体战略进行了紧密结合。腾讯利用智能财务系统分析各业务单元的财务状况,并结合市场需求和竞争环境,为公司高层提供更具前瞻性的战略建议。腾讯的智能财务系统帮助公司在互联网广告和云计算领域的战略布局上作出精准决策,推动了这些领域的快速增长。通过转型使腾讯的财务部门不仅是企业的"记账员",而且是重要的战略决策支持者。

智能财务与传统财务的主要区别在于财务流程的数字化与自动化、决策支持的智能化、数据处理与分析的精度与速度,以及战略价值的提升与转型,智能财务通过现代技术的应用，不仅极大提高了财务管理的效率和精确度，还推动了财务管理职能的转型，使财务部门能够为企业的战略决策提供更具科学性和前瞻性的支持。这些变化使得智能财务在企业的长远发展中起到了至关重要的作用。随着技术的不断进步，智能财务将进一步深化与企业业务的融合，助力企业在竞争激烈的市场中占据有利位置。

四、智能财务的未来发展趋势

随着科技的迅速发展，传统财务管理方式正在经历深刻的变革。智能财务作为一种新兴的财务管理模式，已经逐渐成为各行各业提升运营效率和决策能力的重要工具。智能财务的核心理念是通过人工智能、机器学习、大数据、云计算等技术，实现财务管理的自动化、智能化与数据驱动。下面将探讨智能财务未来的发展趋势，重点分析人工智能与机器学习的深度应用、大数据与云计算的融合发展、智能化财务系统的个性化与定制化，以及智能财务在财务共享服务中的应用深化。

（一）人工智能与机器学习的深度应用

人工智能与机器学习技术的快速发展，为智能财务带来了前所未有的机遇。未来，人工智能将更加深度地融入财务管理的各个环节，尤其是在财务分析、风险控制、预测与决策支持等方面。[①] 机器学习能够通过对大量历史数据的学习，帮助财务人员识别潜在的风险，自动进行数据清理、报表生成及财务异常检测，从而大幅提高工作效率。国际会计师事务所普华永道已经在其财务审计中应用人工智能与机器学习技术，通过智能算法分析海量交易数据，自动识别潜在的财务风险和审计异常。技术的应用不仅提升了审计的准确性，也大大缩短了审计周期。人工智能还可以在预算编制与财务预测中发挥重要作用，通过机器学习模型，系统可以对历史财务数据进行分析，并根据市场变化、经济环境等因素提供精准的预算预测，帮助企业作出更加明智的决策。人工智能与机器学习在智能财务中的应用与优势如表 1-2 所示。

---

① 杨寅. 新质生产力赋能智能财务建设的理论逻辑与体系架构 [J]. 会计之友, 2024, (21): 116-122.

表 1-2　人工智能与机器学习在智能财务中的应用与优势

应用领域	技术应用	具体效果与优势
财务分析	机器学习分析历史数据,自动生成报表和进行数据清理	提高工作效率,减少人工操作,提高数据分析准确性
风险控制	智能算法分析海量交易数据,自动识别财务风险和审计异常	精准识别潜在风险,提升审计准确性,缩短审计周期
财务预测与预算编制	机器学习对历史财务数据进行分析,根据市场变化、经济环境等因素进行预测	提供精准的预算预测,帮助企业作出更明智的决策
审计支持	运用人工智能与机器学习技术辅助审计流程	提升审计效率与准确性,降低人为疏漏的风险

（二）大数据与云计算的融合发展

大数据与云计算的融合为智能财务提供了强大的数据支持和计算能力。大数据技术能够从海量的企业数据中提取有价值的信息,支持精细化管理和深度分析;云计算则提供了高效、灵活的计算和存储资源,使得企业可以随时随地访问并处理数据,提升了财务数据管理的效率和安全性。[①] 全球领先的企业资源计划软件公司思爱普推出的 S/4HANA 平台,利用大数据与云计算技术,帮助企业实现财务数据的实时处理与分析。该平台通过云端架构,使得财务数据可以迅速与其他业务数据进行整合,从而为决策者提供实时的财务洞察。大数据技术还使得企业能够进行更加精准的财务预测与风险控制。银行和保险公司通过大数据分析,能够精准评估客户的信用风险,并依据大数据模型进行信贷决策,从而降低违约风险。

（三）智能化财务系统的个性化与定制化

随着技术的进步,智能财务系统将越来越多地根据企业的具体需求进行个性化和定制化开发,满足不同规模、行业和业务特点的需求。个性化和定制化的财务系统可以为企业提供更符合其业务流程的解决方案,从而提升财务管理的效率

---

① 马斌纯.人工智能时代企业财务会计向管理会计转型路径研究 [J].天津经济,2024,(10):31-33.

和灵活性。阿里巴巴的"钉钉财务系统"便是针对企业个性化需求设计的财务管理系统。该系统不仅能够处理传统的账务管理，还能够根据不同行业的特殊需求，提供定制化的财务分析与报表功能。通过这一系统，企业可以根据自身情况定制财务流程，满足行业特定的财务合规要求，从而提高管理效率。智能财务系统的个性化不仅体现在功能上，还体现在用户体验的定制。财务系统的界面、操作流程、报告模板等都可以根据企业的需求进行定制，使得财务人员的操作更加高效便捷。

（四）智能财务在财务共享服务中的应用深化

财务共享服务模式通过集中管理和优化财务资源，提高了企业财务管理的效率和质量。智能财务将使财务共享服务在自动化、智能化方面得到进一步深化。通过人工智能、大数据等技术的应用，财务共享服务不仅能实现流程自动化，还能在数据分析、风险预警等方面提供更高效的支持。海尔集团在其财务共享服务中心引入了智能化财务系统，结合人工智能技术进行资金流动分析、预算管控与财务风险监测。该系统通过自动化数据收集和分析，为决策者提供实时的财务报告和精准的风险预警，极大提高了财务共享服务的效率和质量。通过智能化技术的进一步应用，财务共享服务将更加高效和精准，能够为企业提供更具价值的财务决策支持。智能财务系统还能够提升跨部门协作的效率，使得财务部门与其他业务部门之间的沟通更加顺畅。

智能财务的未来发展趋势显现出人工智能、机器学习、大数据和云计算等技术的深度融合，推动着财务管理模式的变革。随着智能化技术的不断进步，财务管理将更加高效、精准，并且能够满足不同行业和企业规模的个性化需求。在财务共享服务的深化应用中，智能财务将成为推动企业业务高效运营的重要支撑。随着技术的不断演进，智能财务将在提升企业竞争力、优化资源配置和增强决策能力方面发挥越来越重要的作用。

第二节　智能财务的技术支撑

一、大数据技术在财务中的应用

随着信息技术的飞速发展，大数据技术在各行各业的应用逐渐深入，尤其在财务领域，其作用愈加凸显。大数据技术使得财务管理更加精确、智能，并能为企业的决策提供有力支持。[①] 下面将探讨大数据技术在财务领域中的应用，包括其在财务数据分析、预测与决策支持、财务风险管理等方面的实际运用，进一步分析其优势与挑战。

（一）大数据技术的基本概念与特点

大数据技术指的是对大规模、复杂、快速生成和多样化的数据进行采集、存储、处理和分析的技术。这些数据通常具有"4V"特点，包括数据量大（Volume）、数据种类多（Variety）、数据处理速度快（Velocity）、数据价值密度低（Value）。在财务领域，大数据技术能够从多个维度对财务信息进行多层次分析，提供准确的决策支持。传统财务分析侧重于对历史数据的归纳与总结，而大数据技术能够将企业的财务数据与市场、消费者行为等外部数据相结合，形成更加丰富的数据源，为财务决策提供更全面的依据。通过实时分析，企业可以快速反应市场变化，提高财务管理的精度和效率。

（二）大数据在财务数据分析中的作用

大数据技术在财务数据分析中的主要作用是实现实时、高效的数据处理与智能化分析，传统财务分析依赖于大量的人工工作和周期性的报表生成，而大数据技术则能够快速整合各种数据源，通过自动化的算法和模型进行深度挖掘，发现潜在的财务风险和机会。[②] 全球知名电商平台亚马逊利用大数据技术进行财务数据分析，基于消费者购买行为、市场趋势等多维度数据进行预测，帮助其调整财

---

① 杨培清.智能时代财务会计向管理会计转型的实践路径 [J].中国集体经济，2024，(25)，149-152.

② 吕书良.人工智能时代财务会计向管理会计转型路径研究 [J].财会学习，2024,(20): 86-88.

务预算、优化库存管理和定价策略。数据驱动的分析方式帮助亚马逊提高了财务决策的效率和精度，实现了利润的最大化。

（三）大数据在财务预测与决策支持中的应用

大数据技术在财务预测和决策支持中的应用尤为广泛，通过大数据分析，企业可以根据历史数据和实时数据进行准确的财务预测，帮助企业制定合理的预算、控制成本并预防潜在的财务风险。大数据能够集成市场动态、消费者行为、生产成本等多个变量，为企业提供更加精准的财务预测模型。金融机构如花旗银行利用大数据技术对市场趋势、客户行为等多项数据进行分析，从而预测贷款违约率，优化信贷审批流程。花旗银行还利用大数据分析帮助客户提供个性化的财务建议，实现精准的风险控制与资产配置。大数据在财务预测与决策支持中的应用与优势如表 1-3 所示。

表 1-3　大数据在财务预测与决策支持中的应用与优势

应用领域	技术应用	具体效果与优势
财务预测与预算编制	通过大数据分析历史数据与实时数据，制定财务预测和预算	提供精准的财务预测，帮助企业合理制定预算、控制成本，并预防潜在的财务风险
风险控制与预警	集成市场动态、消费者行为、生产成本等多个变量进行分析	实现精准的风险预测与控制，提前识别潜在财务风险，提升决策准确性
信贷审批与贷款违约预测	分析市场趋势、客户行为等数据，预测贷款违约率	优化信贷审批流程，降低违约风险，提高信贷决策的效率与准确性
个性化财务建议	运用大数据分析客户行为，提供定制化的财务建议	帮助客户实现精准的资产配置与风险控制，提升客户财务管理效果

（四）大数据与财务风险管理的结合

财务风险管理是企业管理的重要组成部分，大数据技术在财务风险管理中的应用，可以通过对企业的财务状况、市场变化、信用风险等因素的多维度分析，及时发现潜在的风险并制定应对措施。企业可以通过大数据实时监控其现金流、负债率、资产负债表等关键指标，从而及早发现财务危机的苗头。沃尔玛通过大数据分析其供应链中的各类财务数据，及时发现资金流动中存在的潜在风险，从而对资金链进行有效的调度和管理。通过实时监控市场价格波动和供应商付款情况，沃尔玛能够降低财务风险，并确保现金流的稳定性。

大数据技术在财务领域的广泛应用，推动财务管理从传统手工分析到智能化、自动化分析的转变。无论是在财务数据分析、预测与决策支持，还是在风险管理中，大数据都发挥了巨大的作用。它不仅提高了财务管理的效率，还通过提供更加精准的数据支持，帮助企业在复杂多变的市场环境中作出更科学的决策。

二、人工智能驱动的财务管理

随着人工智能技术的飞速发展，在各个行业中逐渐展现出其巨大的应用潜力。尤其是在财务管理领域，人工智能技术不仅提升了效率，还优化了决策过程。通过机器学习、自然语言处理等技术，人工智能正在逐步改变财务管理的传统模式。下面将探讨人工智能技术概述及其在财务中的应用领域、机器学习在财务数据分析和预测中的作用、自然语言处理在财务报告与审计中的应用，以及人工智能在智能化财务决策中的影响。

（一）人工智能技术概述及其在财务中的应用领域

人工智能是通过模拟人类智能来执行任务的技术，涵盖机器学习、深度学习、自然语言处理等子领域。在财务管理中，人工智能的应用已从简单的自动化任务扩展到复杂的数据分析、决策支持和智能预测。[①] 在财务领域，人工智能技术的应用范围广泛。人工智能可以实现自动化的财务报销和账单审核，减少人工错误并提高效率。通过机器学习，人工智能能够对大量财务数据进行实时分析，从中发现潜在的风险和机会。人工智能被广泛应用于信贷评估、投资组合管理、资金流动预测等方面。人工智能还在财务审计中发挥着越来越重要的作用，可以通过分析财务报表中的不一致性和异常交易，帮助审计人员提前识别风险。

---

① 朱艳霞.浅议人工智能时代财务会计向管理会计的转型 [J]. 商业 2.0, 2024, (19): 105-107.

（二）机器学习在财务数据分析与预测中的作用

机器学习是一种通过学习数据中的模式进行预测和决策的技术，在财务管理中，机器学习的应用主要体现在财务数据分析和预测中，尤其是在市场趋势分析、预算编制、现金流预测和风险评估等方面。[①] 机器学习算法通过分析历史财务数据，可以有效地识别出潜在的模式和趋势，进而为企业的未来财务决策提供科学依据。机器学习可以根据过去几年的销售数据预测未来的收入和支出，帮助企业合理安排预算，避免现金流短缺或过剩。机器学习还能够自动化地识别财务报表中的异常波动，及时提醒财务人员进行复核，从而降低风险。

（三）自然语言处理在财务报告与审计中的应用

自然语言处理是人工智能领域的一项重要技术，它使计算机能够理解和生成自然语言。在财务管理中，自然语言处理技术主要应用于财务报告的生成、分析，以及审计过程中的文档审查。通过自然语言处理，财务人员可以自动化生成财务报告，节省时间并减少人工错误。自然语言处理技术还可以对财务报告中的关键信息进行抽取和分析，从而帮助管理层作出更精准的决策。利用自然语言处理技术可以自动化地识别财务报表中的财务术语、识别报告中的潜在风险和异常，提前警示管理人员。自然语言处理还可以在审计过程中对大量的财务文档进行自动化审查，帮助审计人员快速发现潜在的不合规和风险点。普华永道采用自然语言处理技术来提高审计的自动化程度，通过扫描大量文档并提取关键信息，减少审计人员的工作负担，并且提高了审计效率。此技术可以帮助审计团队更快速地完成财务报告的审查，并且识别出潜在的财务风险和不合规行为。

（四）人工智能在智能化财务决策中的影响

人工智能不仅在自动化任务中发挥着重要作用，更在智能化决策中为财务管理提供了强大的支持。通过利用大数据分析和机器学习技术，人工智能能够对复杂的财务环境进行多维度分析，帮助企业在更短的时间内作出更精准的决策。人

---

① 陈莎，尹永香，李明东.智慧城市视域下管理会计专业学生就业率提升对策研究——以青岛城市学院为例 [J].市场周刊，2024，37(16): 175-178.

工智能的智能化决策支持系统，能够根据实时数据、市场变化和历史趋势，自动化生成财务预测模型，为企业提供关于投资、资金流动、风险管理等方面的决策建议。系统帮助财务经理和决策者在面临复杂决策时，不仅能依赖历史经验，还能借助人工智能的分析能力，作出更科学的决策。

人工智能技术在财务管理中的应用前景广阔，已经从传统的财务自动化扩展到更深层次的智能化决策支持。机器学习和自然语言处理等技术不仅能够优化财务数据分析、预测和生成报告，还能够在风险管理和审计过程中发挥越来越重要的作用。随着技术的不断进步和应用场景的日益丰富，未来的财务管理将更加依赖人工智能的支持，提升决策效率和企业的竞争力。

三、区块链技术的潜力

区块链技术作为一种具有革命性潜力的技术，近年来在各行各业中得到了广泛关注。其去中心化、不可篡改和透明的特性，使其在提升数据安全性、提高效率等方面展现了巨大的优势。特别是在财务透明性、智能合约、支付系统、跨境支付及供应链管理等领域，区块链技术的应用前景尤为广阔，下面将详细探讨区块链技术的基本原理与特点、在财务数据透明性与安全性中的作用、在智能合约与支付系统中的应用，以及在跨境支付与供应链管理中的潜力。

（一）区块链技术的基本原理与特点

区块链技术是一种分布式账本技术，其核心思想是通过去中心化的方式记录和存储交易数据。区块链中所有的数据通过加密算法被打包成"区块"，并按时间顺序链接成"链"。[①] 每个区块包含一定的交易数据，以及前一个区块的哈希值，使得每个区块与其前后的区块紧密相连，确保了数据的一致性和不可篡改性。区块链的三大核心特点是去中心化、不可篡改性和透明性，去中心化意味着无须依赖第三方机构，如银行或政府，所有参与者共同维护账本；不可篡改性保证了已经记录在区块链上的信息无法被修改或删除；透明性使得每个参与者都能查看区块链上的交易记录，提升了信任度。比特币作为区块链技术的首次应用，使用了

---

① 吴琼. 区块链下智能财务报告模型的构建研究 [J]. 商业会计, 2024, (9): 48-51.

区块链来确保交易的安全性与透明性。每个比特币交易都会被加密并记录在区块链中，所有比特币用户都可以随时查询该交易，确保交易过程的公开透明。

（二）区块链在财务数据透明性与安全性中的作用

区块链在提升财务数据透明性和安全性方面具有重要作用，传统财务系统中，数据通常由中央机构管理，容易受到人为操作、错误或欺诈的影响；而区块链通过去中心化的账本，使得每一笔财务数据都被记录在分布式节点上，并通过加密技术进行保护。[①] 该机制不仅有效防止了数据篡改，还使得交易过程更加透明，增加了公众和投资者的信任。区块链可以为企业的财务记录提供一个透明的、不变的审计轨迹，每一笔交易都需要经过多方验证，一旦记录在区块链中，便无法被修改或删除，从而增强了财务报告的可信度。瑞银集团与国际商业机器公司合作，开发了一种基于区块链的财务结算系统。这一系统能够通过区块链实现即时结算与自动化对账，大大提高了透明性，减少了欺诈的风险，并且降低了人工操作和错误的发生率。

（三）区块链在智能合约与支付系统中的应用

智能合约是基于区块链技术的一种自动化协议，能够在满足一定条件时自动执行合同条款。与传统合约不同，智能合约不需要第三方担保，也无须人工干预，通过代码实现合约条款的自动执行。该技术在支付系统中具有极大的应用潜力，能够减少中介成本，提升交易效率。智能合约可以为企业和个人提供一个安全且透明的交易平台，一家公司与供应商达成的合同，可以通过智能合约设定自动支付条款，一旦交货被验证，支付就自动完成，避免发生延迟和产生争议。以太坊平台的智能合约广泛应用于各类支付系统。平台上的去中心化金融应用允许用户通过智能合约自动化借贷和交易，而无须依赖银行等传统金融机构。不仅提升了支付的效率，也降低了交易成本。区块链技术在智能合约与支付系统中的应用与优势如表1-4所示。

---

① 莫铭秀. 智能财务背景下财务会计的数字化转型之路研究 [J]. 中小企业管理与科技，2024, (9): 126-128.

表1-4　区块链技术在智能合约与支付系统中的应用与优势

应用领域	技术应用	具体效果与优势
智能合约自动执行	基于区块链技术,智能合约自动执行合同条款	无须第三方担保或人工干预,提升合同执行效率,减少中介成本
支付系统优化	通过智能合约实现自动支付条款	自动化支付流程,避免发生延迟和产生争议,提高交易效率与透明度
去中心化金融应用	以太坊平台支持智能合约自动化借贷和交易	允许用户在去中心化平台上进行交易,无须传统金融机构参与,降低交易成本
安全与透明交易	提供安全、透明的交易平台	增强交易的安全性和透明度,保障合同条款的自动执行与无争议支付

（四）区块链在跨境支付与供应链管理中的潜力

　　区块链技术在跨境支付和供应链管理中展现出巨大的潜力,在跨境支付领域,区块链能够大幅缩短交易时间并降低成本。传统的跨境支付通常需要经过多个中介机构,导致交易延迟且手续费昂贵。区块链则通过去中心化和即时结算的特点,实现了跨境支付的高效与低成本。在供应链管理方面,区块链可以追踪商品的来源、运输和交付情况,保证信息的真实性和透明度,防止假冒伪劣产品的流通。区块链技术还能确保供应链中的各方实现信息共享和自动化处理,提升整体运营效率。全球金融巨头沃尔玛与国际商业机器公司合作,利用区块链技术追踪食品供应链的每一个环节。

　　区块链技术凭借其去中心化、不可篡改和透明等特点,正在快速改变多个行业的运作模式。从提升财务数据透明性与安全性,到推动智能合约与支付系统的发展,再到优化跨境支付与供应链管理,区块链技术的潜力不容小觑。随着技术的不断成熟与应用场景的拓展,未来区块链将在更多领域发挥更大的作用,助力全球经济的数字化转型。

四、云计算在财务信息处理中的作用

　　随着信息技术的迅速发展,云计算已成为现代企业信息化转型的重要基础设施。在财务管理领域，云计算不仅提升了财务数据的处理效率，还优化了企业的财务决策能力。云计算通过为财务信息提供灵活、高效的存储与处理平台，推动了企业财务系统的创新与升级，助力企业在数字化浪潮中稳步前行。下面将从云计算的基本概念与发展历程、云计算在财务数据存储与处理中的优势、云财务系统的应用与企业信息化升级、云计算与财务共享服务平台的结合等方面探讨云计算在财务信息处理中的关键作用。

（一）云计算的基本概念与发展历程

云计算是指通过互联网提供计算资源和服务的技术模式，它允许用户按需访问远程服务器上的资源，而无须自行购买、维护硬件设备。云计算主要包括三种服务模式：基础设施即服务、平台即服务和软件即服务。自 2006 年由亚马逊推出亚马逊云服务以来，云计算经历了从初期的计算资源共享到如今的智能化应用拓展的发展历程。在财务领域，云计算的引入极大地降低了企业 IT 基础设施建设的成本，提高了数据处理的效率。[①] 早期企业多依赖传统的财务软件和本地化的服务器进行数据处理，而云计算的出现为企业带来了更强大的数据处理能力和灵活的运维模式。

（二）云计算在财务数据存储与处理中的优势

云计算在财务数据存储与处理中的优势体现在多个方面，云计算提供了弹性存储，能够根据企业的实际需求进行资源扩展，避免了企业为处理短期需求而进行大规模硬件投资。云平台拥有强大的计算能力，能够支持海量数据的实时处理和分析，极大提升了财务决策的时效性和准确性。阿里云为其提供了大规模的数据处理能力，帮助公司处理复杂的财务数据，并实现了跨地区、跨部门的财务数据共享与协同。这使得阿里巴巴在财务管理上能够及时获取准确的财务报表，并在全球范围内实现快速决策。云计算平台的自动化功能可以帮助企业减少人工干预，提高财务数据处理的效率。云平台能够自动化进行数据备份、恢复和数据安

---

① 孙如雪 . 智能财务背景下管理型会计人才培养探索 [J]. 中国乡镇企业会计 , 2024, (4):
193-195.

全监控,确保财务数据的完整性和安全性。

(三)云财务系统的应用与企业信息化升级

随着企业规模的扩大和业务的复杂化,传统的财务管理系统逐渐暴露出难以适应快速变化的业务需求的不足。云财务系统的出现为企业信息化升级提供了有力支持。云财务系统通过将财务管理的各个环节(如会计核算、报表生成、预算管理等)集成在一个平台上,实现了实时监控与数据流的无缝对接,提升了财务管理的效率和透明度。腾讯引入了云财务系统后,其财务管理实现了自动化和数字化。通过云端的实时数据分析,腾讯能够快速获取准确的财务状况,及时进行预算调整和资金调度。云财务系统通过整合财务数据与其他部门的业务数据,使得各部门之间的信息共享和决策更加高效。云财务系统不仅优化了财务管理流程,还提升了财务人员的工作效率,帮助企业实现了信息化转型。

(四)云计算与财务共享服务平台的结合

财务共享服务平台是一种将企业各个业务单元的财务职能集中管理、共享服务的模式,云计算与财务共享服务平台的结合,使得企业能够实现跨地域、跨部门的财务资源共享和信息协同,进一步提高财务管理的效率。宝钢集团通过搭建基于云计算的财务共享服务平台,实现了财务数据的集中处理和共享。该平台不仅提高了财务数据处理的效率,还促进了不同地区、不同部门之间的财务信息共享和协同。云平台为其提供了灵活的扩展能力,使得宝钢能够根据业务发展需要灵活调整平台资源,满足企业日益增长的财务管理需求。云计算使得财务共享服务平台在信息安全和风险管理方面更加智能化,提供了完善的数据加密、备份和访问控制机制,确保了财务数据的安全性和合规性。

云计算在财务信息处理中的应用正日益成为企业信息化转型的重要驱动力,从财务数据的存储与处理到云财务系统的应用,再到与财务共享服务平台的结合,云计算大大提升了企业的财务管理效率和决策能力。随着云计算技术的不断成熟,未来,企业将更加依赖云计算来优化财务流程、提升数据安全性、降低成本并增强业务灵活性,进一步推动数字化时代的财务管理创新。

第三节　智能财务的政策与行业背景

一、我国数字经济政策解读

在全球数字化转型的大背景下，我国政府高度重视数字经济的发展，特别是在金融领域，智能财务作为数字经济的一部分，正在深刻改变企业财务管理的模式。随着政策支持力度不断加大，智能财务不仅在企业管理层面带来了效率提升，也推动了企业创新与财务功能的转型。下面将从国家数字经济政策的总体框架与目标、国家对智能财务的支持政策与战略、财务管理的数字化转型与财务管理的政策推动以及政策对企业财务创新与发展的影响等方面进行探讨，并通过具体实例进一步阐述政策如何驱动智能财务的快速发展。

（一）国家数字经济政策的总体框架与目标

近年来数字经济成为中国经济发展的重要引擎，国家相关政策明确提出，要通过大数据、人工智能、云计算等技术，促进经济社会各领域的数字化、网络化、智能化。数字经济的总体框架以推动数字技术与传统产业深度融合为目标，重点发展数字基础设施、数字产业生态、数据资源利用及信息安全等关键领域。2021年国务院发布的《"十四五"数字经济发展规划》明确指出，数字经济是继农业经济、工业经济之后的主要经济形态，是以数据资源为关键要素，以现代信息网络为主要载体，以信息通信技术融合应用、全要素数字化转型为重要推动力，促进公平与效率更加统一的新经济形态。

（二）国家对智能财务的支持政策与战略

中国政府在多项政策中明确提出要加快智能财务的应用，推动财务管理的数字化转型。国家出台了一系列支持企业实施智能财务的政策措施，包括"互联网＋"行动计划、财税改革的深化以及大数据技术的应用。2017年国务院发布的《国务院关于深化"互联网＋先进制造业"发展工业互联网的指导意见》就强调要推动传统行业的数字化转型，智能财务被视为其中的重要组成部分。国家税务总局还通过推出"电子税务局"等数字化平台，推进税务流程的自动化和智能化，使得财务工作更加高效透明。通过这些政策，国家不仅为企业数字化转型提供了支持，还为智能财务提供了发展的政策保障。

（三）财务管理数字化转型与财务管理的政策推动

随着企业数字化转型的不断深入，传统财务管理模式面临巨大的挑战。为此国家加强了对财务数字化转型的推动，大数据和人工智能的结合，正在为财务管理提供更加精确的决策支持。阿里巴巴旗下的蚂蚁集团通过构建基于大数据的智能财务平台，能够实时监控和分析公司财务数据，快速作出决策，从而有效提升了财务管理的效率与精准度。

（四）政策对企业财务创新与发展的影响

政策的支持对于智能财务的创新和企业财务管理的变革具有深远影响，政策通过激励企业采用新兴技术，推动财务创新，尤其是在财务自动化、智能审计、智能报表等领域。以金蝶为例，该公司通过运用云计算、人工智能、大数据分析等技术，推出了智能财务管理解决方案，帮助企业实现了财务管理的自动化与智能化。金蝶云·星空系统可以自动化处理大部分财务数据，同时利用人工智能技术分析异常数据，进行智能预警，这一方案在不同行业的中小企业中得到了广泛应用。

国家在数字经济领域的政策推动，为智能财务的迅速发展提供了强有力的支持。从政策框架的设立到实际推动企业数字化转型的细节安排，各项政策措施都在引导企业优化财务管理，提高运营效率。智能财务作为数字化转型的重要组成部分，已成为推动企业持续发展的重要力量。随着政策的进一步完善和技术的持续进步，未来智能财务将在提升财务透明度、优化财务决策和降低运营成本等方面发挥越来越重要的作用。

二、行业发展现状与趋势

随着信息技术的飞速发展，智能财务逐渐成为企业数字化转型的核心组成部分。智能财务通过利用大数据、人工智能、云计算等技术，不仅提升了财务管理的效率和精确度，还推动了企业在业务决策、风险管控等方面的创新。不同的行业在智能财务的应用中展现了各自独特的需求和优势，行业的数字化转型也对智能财务的技术创新和应用模式提出了更高要求。下面将探讨智能财务在不同行业中的应用现状、行业数字化转型与智能财务的融合、智能财务技术的创新趋势与突破及其行业数字化转型的挑战与机遇。

（一）智能财务在不同行业中的应用现状

智能财务技术在不同行业中的应用现状日益成熟，从制造业到金融行业，各个领域都在不断探索如何通过智能财务实现成本控制、财务透明化及提升决策效率。[①]制造业中的一些大型企业通过智能财务系统进行预算管理、成本核算和税务筹划，借助人工智能算法进行预算预测和分析，极大地提高了资金管理的精度和效率。海尔集团的财务部门采用了云财务系统，结合人工智能进行智能预算、财务风险监控和数据分析，提升了整体财务运营效率。金融行业则通过智能财务技术优化财务风控与合规管理，招商银行借助人工智能和大数据分析技术，实时监控客户的信用风险和财务状况，精确预测风险点，并及时调整信用政策，降低了坏账率和合规风险。智能财务已经不仅局限于会计核算的自动化，还在成本控制、资金调度、财务决策等多个方面都有着广泛的应用，推动了行业效率的提升。

（二）行业数字化转型与智能财务的融合

行业的数字化转型与智能财务的融合是推动现代企业财务管理变革的关键，随着信息化技术的不断发展，企业纷纷借助云计算、大数据、人工智能等先进技术，推动财务管理的数字化、自动化与智能化。以传统制造业为例，博世集团通过引入智能财务系统，结合物联网技术，将设备的生产数据和财务数据深度融合，建立了一个全面的财务数据流，提升了财务数据的精准性和实时性。通过智能财务系统，博世实现了从财务报表到业务预测的自动化流程。智能财务的运用还帮助企业打破了传统财务管理模式中的信息孤岛，增强财务与业务之间的紧密联系，提升财务透明度和决策质量。

（三）智能财务技术的创新趋势与突破

智能财务技术正朝着更高效、更智能、更精准的方向发展，在人工智能的推动下，机器学习、自然语言处理等技术在财务领域的应用逐渐成熟。机器学习技术能够帮助财务系统通过历史数据预测未来的财务状况，识别潜在的风险点，优

---

① 王雷，段晓彦，张晓媛，等. 航天科研单位财务智能化、数字化建设的探索与实践 [J]. 航天工业管理，2024, (3): 59-62.

化财务流程。普华永道通过结合机器学习和大数据分析技术，在企业审计中实现了自动化风险识别，提升审计效率和准确性。区块链技术的引入为财务领域带来了去中心化的信任机制，借助区块链不可篡改的特性，企业能够实现财务数据的透明和安全存储，避免了数据造假和财务审计中的人为干预。财务机器人技术的不断发展也为日常财务操作的自动化提供了有力支持，企业在日常账务处理、报表生成等方面实现了全面自动化，极大减少了人工错误。智能财务技术正在不断突破传统财务管理的局限，向更深层次的智能化和自动化方向发展，为企业提供更高效、更智能的财务解决方案。

（四）行业数字化转型的挑战与机遇

虽然智能财务为行业数字化转型带来了诸多机遇，但在实际应用过程中也面临一定的挑战。数据安全问题成为行业转型的瓶颈之一，随着大量财务数据的数字化和云化存储，如何保障数据的安全性、合规性和隐私性，成为企业和行业面临的主要问题。以银行业为例，尽管智能财务能够提升风险控制能力，但如何确保大数据分析过程中的数据隐私性和合规性，仍然是金融行业需要重点关注的问题。智能财务的技术实施和人才短缺也是不容忽视的挑战，很多企业在数字化转型过程中，由于缺乏专业的技术支持和相关领域的人才，导致智能财务系统的应用效果并不理想。企业需要加大技术研发投入，培养复合型人才，以推动智能财务的有效落地。尽管面临挑战，智能财务依然为企业提供了巨大的机遇。通过智能财务系统的应用，企业能够实现财务流程的自动化和智能化，提升决策效率、降低成本、增强竞争力。随着技术的不断发展和应用的深入，智能财务将成为各行各业数字化转型的重要推动力。

智能财务正以其强大的技术优势在各个行业中发挥重要作用，尤其在数字化转型的过程中，它不仅推动了企业的财务管理现代化，还助力行业的效率提升与创新发展。行业与智能财务的深度融合为企业带来了巨大的机遇，同时也面临着数据安全、技术应用、人才等多方面的挑战。未来随着技术的不断创新和行业需求的不断变化，智能财务将迎来更加广阔的发展空间，成为企业持续竞争和发展中的关键驱动力。

三、智能财务对企业发展的意义

随着信息技术的飞速发展，智能化技术已深入各个行业，财务管理作为企业运营的重要组成部分，也逐渐向智能化转型。智能财务通过人工智能、大数据、云计算等技术手段，极大地提升了财务管理的效率、精度和灵活性。这不仅推动了企业财务工作流程的自动化与智能化，还对企业的整体发展战略产生了深远影响。下面将从提升财务效率与决策质量、促进企业财务透明度与合规性、助力企业成本控制与盈利增长、推动企业战略规划与财务创新四个方面，探讨智能财务对企业发展的深远意义。

（一）提升财务效率与决策质量

智能财务通过自动化与智能化手段，能够大幅提升企业财务管理的效率与决策质量。[①]传统的财务管理依赖人工录入、数据汇总和分析，容易出现错误且效率较低。而智能财务系统通过自动化工具，如人工智能算法和机器学习，能实时处理大量财务数据并提供高质量的决策支持。全球知名的跨国公司 IBM，通过引入智能财务系统，成功实现了财务报告的自动化生成，节省了大量人工时间，同时提高了财务数据的准确性和分析的时效性。这不仅降低了企业的运营成本，还提升了管理层对企业财务状况的及时了解，帮助其做出更精准的财务决策。智能财务系统不仅在日常财务操作中发挥着重大作用，在复杂的财务分析和预测过程中也具有优势。通过对历史数据的分析，系统能够预测未来的资金流动、市场变化等关键因素，为企业制定战略规划提供数据支持。智能财务不仅提升了财务管理的效率，也极大增强了决策的精准度和时效性。智能财务提升财务效率与决策质量的应用与优势如表 1-5 所示。

---

① 李泓. 人工智能大模型助推智能财务新发展——上海国家会计学院智能财务高峰论坛综述 [J]. 新会计，2024, (3): 37-41.

表 1-5　智能财务提升财务效率与决策质量的应用与优势

观点	具体应用与效果	总结与优势
提升财务管理效率	通过自动化工具(如人工智能、机器学习)实时处理财务数据	大幅降低人工干预,提高工作效率,减少错误,节省时间
财务报告自动化生成	IBM 引入智能财务系统,实现财务报告的自动生成	减少人工时间,提高报告准确性和分析时效性,降低运营成本
精准财务数据分析与决策支持	利用智能财务系统分析历史数据,支持复杂的财务分析与预测	提供精准的决策支持,帮助管理层及时了解财务状况,做出更加科学的决策
未来资金流动与市场预测	智能财务系统分析历史数据,预测资金流动和市场变化	为企业战略规划提供数据支持,提升财务决策的精准度和时效性
增强决策精准度与时效性	在日常财务操作及复杂财务分析中提供高质量的决策支持	改善决策质量,提升决策的精准度与时效性,确保企业快速响应市场变化

（二）促进企业财务透明度与合规性

企业财务透明度与合规性是现代企业管理的重要基础,智能财务系统能够帮助企业更好地遵守财务监管要求,同时提升财务信息的透明度。通过自动化的财务报告生成、实时监控等功能,智能财务系统能够为企业提供准确、及时的财务数据,确保企业各项财务活动都在可控范围内,符合监管要求。中国的互联网巨头阿里巴巴利用智能财务平台自动化生成财务报告,并实时监控财务流动,确保其财务报表的合规性和透明度。公司通过智能财务系统,能够快速响应外部审计和监管要求,避免传统财务管理中出现的合规风险。智能财务还通过实时数据跟踪和异常检测,能够及时发现潜在的财务违规行为。智能系统能够识别出账目不一致或财务流程中的异常情况,从而避免财务问题的积累。这为企业的合规管理提供了强有力的保障。

（三）助力企业成本控制与盈利增长

智能财务在成本控制与盈利增长方面的作用不可小觑,通过精确的数据分析与实时监控，智能财务系统能够帮助企业识别成本浪费的环节，优化资源配置，从而提升整体盈利水平。智能财务还能够帮助企业发现新的盈利增长点，通过分析消费者的购买行为数据，智能财务系统能够帮助零售企业预测市场趋势，从而为公司制定精准的定价策略，提升市场竞争力和销售额。

（四）推动企业战略规划与财务创新

智能财务不仅在日常运营中发挥重要作用，还能为企业的战略规划与财务创新提供坚实的支持。通过数据分析与智能预测，企业可以更清晰地了解市场趋势和财务状况，从而为未来的发展方向和投资决策提供科学依据。华为在财务管理中引入智能财务系统，通过对全球市场数据的实时分析，结合财务健康状况，制定出针对不同市场的差异化战略。这一举措不仅增强了华为在全球市场中的竞争力，也使其在全球化战略实施过程中更加稳健和高效。智能财务系统还为企业提供了进行财务创新的机会，银行通过智能财务技术，推出基于大数据分析的精准风险评估系统，不仅提升了其贷后管理的效率，还通过对潜在市场的深入挖掘，推出了全新的财务产品，拓宽了业务范围。

智能财务作为一种新兴的财务管理工具，正在改变传统的财务工作方式。通过提升财务效率与决策质量、促进财务透明度与合规性、助力成本控制与盈利增长、推动战略规划与财务创新等多个方面，智能财务为企业的可持续发展注入了强大动力。随着技术的不断进步，未来，智能财务将更加精准高效，助力企业在激烈的市场竞争中脱颖而出。企业应当积极"拥抱"智能财务，为自身发展创造更多的价值与可能。

四、全球智能财务发展对比

随着科技的快速发展，智能财务逐渐成为全球企业和政府提升财务管理效率的重要工具。智能财务结合了人工智能、大数据、云计算、区块链等前沿技术，正在改变传统的财务工作方式，带来更高的自动化水平和智能化决策能力。全球智能财务的进展因国家、地区的发展阶段和政策支持的不同而存在显著差异。下面将探讨发达国家智能财务发展的现状与模式新兴市场在智能财务领域的发展与挑战、全球智能财务技术的应用趋势与创新，以及不同国家政策对智能财务发展的影响。

（一）发达国家智能财务发展的现状与模式

发达国家的智能财务发展起步较早，技术的应用与普及程度也相对较高。美国和德国在智能财务领域的应用已经非常成熟，尤其在自动化会计、智能审计和财务预测等方面。美国的沃尔玛利用人工智能和大数据对财务数据进行实时分析，帮助公司优化供应链管理和库存控制，从而减少成本，提高利润。而在德国，思爱普等大型软件公司已将人工智能嵌入其财务软件系统中，帮助企业自动化财务报告和合规检查，提升财务透明度和效率。发达国家的智能财务发展模式通常注重技术创新和集成，金融科技公司、云计算平台与传统财务管理系统紧密结合，推动整个财务行业向数字化、智能化转型。这些国家的法律和监管环境较为成熟，为智能财务的落地提供了保障。

（二）新兴市场在智能财务领域的发展与挑战

新兴市场在智能财务领域的应用相对较晚，但近年来也在快速发展。中国、印度、巴西等国家正在通过政策引导和技术创新推动智能财务的普及。在中国，企业如阿里巴巴和腾讯等已将大数据和人工智能应用于财务数据分析和智能报税等领域，推动财务管理效率的大幅提升。智能财务在这些国家的普及仍面临一些挑战，主要包括技术人才的短缺、数据隐私和安全问题，以及传统财务管理模式的抵抗等。尽管印度的智能财务发展潜力巨大，但由于中小企业较为普遍，且许多企业仍依赖传统手工财务管理，智能财务工具的渗透率较低。政府和金融机构正在通过提供技术培训、资金支持等方式，促进智能财务在新兴市场的应用与发展。

（三）全球智能财务技术的应用趋势与创新

智能财务技术正在经历从传统财务处理向高度自动化、智能化的转型，人工智能、机器学习、机器人流程自动化等技术正在深度影响财务流程。智能财务的应用趋势体现在多个方面，自动化财务报表生成和智能审计成为主流，财务人员可以通过智能化工具自动生成报表，并进行风险预测和审计。基于大数据分析的财务预测和决策支持系统正在广泛应用，企业能够实时监控财务状况，提前预测财务风险。全球知名的会计师事务所普华永道利用人工智能技术对审计过程进行自动化处理，不仅提高了审计的效率，还增强了审计的准确性和透明度。金融行业也在加速采用区块链技术来提高支付结算的透明度和安全性。

（四）不同国家政策对智能财务发展的影响

智能财务的快速发展离不开各国政府的政策支持。发达国家通常通过鼓励创新和技术研发、提供税收优惠等手段，推动智能财务技术的应用。美国政府通过出台税收优惠政策，支持金融科技公司研发智能财务工具，欧洲则通过《通用数据保护条例》等隐私保护法规，保障数据安全，为智能财务的发展提供法律框架。中国政府出台了多个政策推动数字经济和智能财务的发展，包括《数字经济发展战略纲要》和《智能财务应用指南》等。政策不仅为企业提供了明确的技术应用指引，还通过资金支持、税收减免等措施促进智能财务技术的普及和创新。

全球智能财务发展正在经历快速演进的阶段，各国在技术应用、发展模式和政策支持方面存在差异。发达国家在技术创新和应用方面处于领先地位，主要依靠高效的技术整合与法律保障推动智能财务的发展；而新兴市场则在政策推动和技术普及方面迎来机遇与挑战，须克服人才、技术和法律方面的障碍。随着智能财务技术的不断创新和全球化进程的推进，未来财务管理将更加智能、高效，助力企业和政府在全球竞争中脱颖而出。

第四节　智能财务对管理会计的影响

一、管理会计职能的转变

随着信息技术的不断发展，智能财务逐渐成为推动现代企业管理创新的重要力量。在这个过程中，管理会计的职能也在经历着深刻的转型。从传统的财务核算到如今的战略支持，管理会计的角色不断升级，不仅承担着传统财务报告的功能，更在企业战略决策、风险管控和价值创造等方面发挥着越来越重要的作用。数字化时代带来了大量的数据和信息，管理会计必须适应变化，主动进行创新和调整。下面将探讨智能财务对管理会计职能的影响，重点分析从传统财务核算到战略的转变、管理会计在数字化时代的新职能、信息技术赋能下的管理会计决策角色变化，以及数据驱动型管理会计的实际应用与挑战。

（一）从传统财务核算到战略支持的转变

传统管理会计主要侧重于财务数据的核算、报表的编制和成本的控制等职能，目的是确保财务信息的准确性和合规性。[①] 随着市场环境的变化和企业经营需求的升级，传统的管理会计职能已经无法满足现代企业战略发展的需求。智能财务的引入使得管理会计开始向战略支持角色转变。在数字化转型的背景下，管理会计开始利用大数据、人工智能和云计算等技术工具，深入分析市场趋势、客户需求和财务数据，从而为企业提供更加精准的战略决策支持。一家国际零售企业通过智能财务系统将销售数据、供应链数据和客户行为数据进行整合分析，帮助管理层实时掌握市场变化趋势，优化库存管理和产品定价策略。由此管理会计不仅是财务报表的"守门人"，还成为了企业战略实施的"参谋"。

（二）管理会计在数字化时代的新职能

数字化时代的到来，让管理会计的职能发生了根本性变化。以往依赖人工操作和传统报表的管理会计，现如今能够通过智能化工具实现自动化的财务数据处理、实时监控和趋势预测。使得管理会计的角色不仅限于传统的报表编制和成本管理，更在价值创造、绩效评估和业务分析等方面发挥着重要作用。一家科技公司通过引入先进的企业资源计划系统和人工智能技术，成功实现了财务数据的实时更新与自动化分析。管理会计人员可以在系统中实时查看企业各项财务指标，快速响应变化，支持企业进行灵活的战略调整。

（三）信息技术赋能下的管理会计决策角色变化

信息技术的迅猛发展赋能了管理会计的决策角色，使其更加精准和高效。通过大数据分析、机器学习和人工智能等技术，管理会计能够处理海量的非结构化数据，为企业提供更具前瞻性的决策支持。这一转变使得管理会计能够从过去的事后报告转向事前预测，为企业提供更具有战略性的财务建议。一家制造业公司通过人工智能算法分析原材料价格波动和供应链风险，提前制定采购策略，从而

① Huang Y. From Digital Finance to Smart Finance—Research on Financial Management Platform of Chinese Universities based on AI[J]. Journal of Global Economy, Business and Finance, 2024, 6(1): 10.

有效降低了成本波动带来的风险。这一过程中，管理会计的决策作用得到了全面提升，成为企业管理层制定策略的重要依据。

　　智能财务的兴起推动了管理会计职能的转型，从传统的财务核算到战略支持、从财务报告到业务决策支持，管理会计的角色和任务发生了深刻的变化。数字化时代赋予管理会计更多的职能，尤其是在数据分析和决策支持方面，管理会计不仅要处理大量的财务数据，还要为企业战略提供精准的洞察。随着数据驱动型管理会计的实践不断深入，企业在享受技术带来优势的同时也必须面对数据质量、系统整合等方面的挑战。管理会计职能的未来将更加注重与企业战略的紧密结合，推动企业在复杂多变的环境中实现可持续发展。

二、智能技术对会计核算的优化

　　随着科技的不断发展，智能技术在各行各业中的应用逐渐深入，尤其在会计领域，智能技术的引入极大地提升了会计核算的效率、透明度和准确性。自动化、人工智能、区块链，以及大数据分析等新兴技术的广泛应用，正在重塑传统会计核算的模式，使会计工作更加智能化、精细化和高效化。下面将从四个方面探讨智能技术如何优化会计核算的过程和效果，具体包括自动化技术在日常账务处理中的影响，人工智能在财务数据处理中的应用，区块链技术对会计核算透明度与安全性的提升，以及大数据分析对会计核算准确性和效率的优化。

（一）自动化技术在日常账务处理中的影响

　　自动化技术的引入在日常账务处理中的作用不可小觑。传统的账务处理通常需要大量人工干预，包括账单录入、凭证处理、账目对账等，这些工作不仅烦琐且容易出现人为错误。[①] 而自动化技术能够通过规则设定和系统操作自动完成这些烦琐的任务，从而减少了人工干预，提高了工作效率和准确性。全球领先的财务软件公司思爱普推出的自动化会计模块，通过光学字符识别技术自动识别并录入发票信息，再结合企业的财务规则进行自动分类和账务处理。这不仅加速了账务

---

① 高秀红. 基于智能财务背景下职业院校会计专业人才培养 [J]. 活力，2023, 41(24): 181-183.

处理的速度，还减少了因人工输入错误而引发的财务问题。德国汽车巨头宝马通过引入自动化技术，能够实现每月自动化处理上千笔账务，大大减少了人工错误和重复工作，提升了财务管理的效率。

（二）人工智能在财务数据处理中的应用

人工智能正在成为财务数据处理中的一项重要工具，通过机器学习算法，人工智能可以帮助财务人员从大量的财务数据中提取有价值的信息，实现数据分析和预测，从而为决策提供支持。人工智能技术不仅能够处理日常账务数据，还能够通过分析历史财务数据进行趋势预测，提供未来财务状况的预测分析。[1] 人工智能在财务审核中的应用，能够自动化审核发票、检查账务合规性等，减少人工审核的工作量。国际知名的会计师事务所普华永道推出了一款基于人工智能的审计工具，通过人工智能算法自动分析客户的财务数据，识别潜在的财务风险。

（三）区块链技术对会计核算透明度与安全性的提升

区块链技术由于其去中心化和不可篡改的特点，正在为会计核算带来前所未有的透明度和安全性。传统会计系统中，账务记录容易受到人为篡改的风险，且审计过程中往往存在信息不对称的问题。区块链技术通过分布式账本和加密技术，能够实现账务数据的实时更新和不可篡改，从而确保了会计核算的透明性和数据的安全性。澳大利亚的一个区块链项目通过区块链技术在供应链管理中实现了全程记录，确保了每一笔交易的真实性和可追溯性。这不仅提高了财务核算的透明度，还降低了审计成本。对于企业来说，通过区块链技术，能够更加清晰地追踪资金流动，避免了财务数据的篡改和造假现象，提升了企业的整体财务管理水平。区块链技术对会计核算透明度与安全性的提升如表 1-6 所示。

① 刘晓玲 . 精细化财务管理助力医院高质量发展 [J]. 中国产经 , 2023, (24): 170-172.

表1-6　区块链技术对会计核算透明度与安全性的提升

应用领域	技术应用	具体效果与优势
提升会计核算透明度	区块链的分布式账本和不可篡改特性	实现账务数据的实时更新与不可篡改，确保财务数据的真实性和透明度
降低审计成本	利用区块链记录交易信息，确保每一笔交易的真实性与可追溯性	提高审计效率，降低人工审计的成本，减少信息不对称
防止财务数据篡改与造假	通过区块链技术追踪资金流动并确保数据不可篡改	预防财务数据篡改或造假现象，增强财务数据的安全性与可信度
提升财务管理水平	使用区块链技术实现全程记录与实时更新财务数据	提高企业财务管理的精确度和透明度，增强对财务状况的掌控能力

（四）大数据分析对会计核算准确性和效率的优化

大数据分析技术使得会计核算能够基于更加全面和深入的数据进行决策，通过对海量财务数据的实时分析和挖掘，大数据技术不仅可以提高会计核算的准确性，还可以为企业提供更具前瞻性的财务分析和决策支持。京东通过大数据分析技术对其财务数据进行实时监控和分析，帮助财务部门更好地了解资金流动、成本结构以及潜在的财务风险。通过对大量销售数据、库存数据和供应链数据的分析，京东能够及时发现并调整财务决策，提高财务管理的效率和准确性。大数据技术还使得预算管理更加精细化，帮助企业预测未来的财务状况和运营需求。

智能技术对会计核算的优化，已经成为提升企业财务管理效率和准确性的重要手段。从自动化技术在日常账务处理中的应用，到人工智能在财务数据处理中的深度融入，再到区块链技术提升会计核算透明度与安全性，以及大数据分析优化会计核算的准确性和效率，智能技术的应用无疑正在为会计领域带来革命性的变化。未来，随着智能技术的不断发展和成熟，企业的财务管理将更加高效、智能和透明。

三、决策支持中的智能化应用

随着数字化和信息化技术的飞速发展,智能化应用已经逐渐渗透到各个行业,特别是在企业决策支持领域。通过引入人工智能和大数据分析,企业不仅能够更高效地处理信息,还能够在复杂多变的商业环境中做出更加精准和快速的决策。下面将探讨智能化应用在决策支持中的具体体现,主要从智能数据分析在预算编制中的应用、预测分析在财务决策中的作用、人工智能辅助的财务预测与风险评估,以及智能化决策支持系统在企业战略中的价值等四个方面展开。

(一)智能数据分析在预算编制中的应用

智能数据分析在预算编制中的应用,可以帮助企业更精确地预测未来的财务需求,制订科学合理的预算方案。随着智能数据分析技术的引入,企业能够基于大量的实时数据和历史数据,运用机器学习算法分析出潜在的趋势和模式,从而为预算编制提供数据支持。国内一家知名电子商务公司利用人工智能技术对历史销售数据、市场趋势、消费者行为等多个维度的数据进行分析,预测各部门的预算需求,并根据市场变化动态调整预算方案。通过智能化的预算编制方式,企业能够更加精准地控制成本、优化资源配置,避免了传统预算编制中出现的资金浪费和预算偏差。

(二)预测分析在财务决策中的作用

预测分析在财务决策中的应用,能够帮助企业从多维度评估未来的财务状况,从而实现财务目标的优化。通过对市场走势、销售数据、消费者行为等方面的分析,企业能够有效预测未来的收入、支出、现金流等财务指标,为战略决策提供可靠依据。一家国际零售商在进行年度财务决策时,利用预测分析模型对未来几个月的销售数据进行预测。通过集成多个数据源,如市场营销活动、季节性变化,以及竞争对手的动向,该公司成功预测了旺季的销售增长和相应的资金需求,提前做好了资金调度和库存管理。预测分析的应用大大提升了企业的决策效率,也减少了因市场波动而导致的风险。

(三)人工智能辅助的财务预测与风险评估

人工智能辅助的财务预测与风险评估,能够提高财务决策的准确性和前瞻性。通过机器学习和深度学习算法,人工智能能够快速分析大量的财务数据,识别潜在的风险因素，并对未来的财务状况进行精准预测。特别是在复杂的市场环境下，人工智能的作用愈加重要。一家跨国企业在进行财务预测时，使用了基于人工智能的风险评估系统。该系统通过对全球经济数据、政治风险、市场需求等进行实时监控，结合企业的财务状况和历史表现，评估不同情景下出现的风险，并提出相应的应对策略。通过这一智能化的财务预测和风险评估工具，企业能够及时调整其财务策略，规避潜在的风险。

（四）智能化决策支持系统在企业战略中的价值

智能化决策支持系统在企业战略中的应用，为企业提供了更科学、系统的决策支持工具。这些系统通过数据采集、分析和建模，帮助企业高层决策者深入了解市场变化、消费者需求、行业趋势等关键信息，从而制定出更加符合市场实际的战略规划。一家全球知名汽车制造公司通过智能化决策支持系统分析全球市场的数据，得出不同地区消费者的需求变化趋势，并结合生产成本、供应链管理等因素，制定了精准的产品战略。

智能化应用已经成为企业决策支持中不可或缺的一部分。从智能数据分析在预算编制中的精确预测，到预测分析在财务决策中的辅助作用，再到人工智能在财务预测和风险评估中的关键角色，以及智能化决策支持系统在企业战略制定中的价值，智能化决策支持为企业提供了全方位的数据支持和决策依据。这些应用不仅提升了决策的准确性和效率，也帮助企业在快速变化的市场环境中保持竞争力。未来随着技术的不断进步，智能化应用将在企业决策支持系统中发挥越来越重要的作用。

四、智能财务对管理效率的提升

随着科技的不断发展，智能财务已经成为提升企业管理效率的重要手段。智能化财务不仅能优化财务流程，提升管理透明度，还能有效提升财务决策的科学性与精准性。下面将从智能财务流程优化与自动化、基于云计算的财务共享服务平台效益、智能报表与数据可视化在管理决策中的运用，以及提升企业财务透明度与合规性四个方面，探讨智能财务如何在提升管理效率方面发挥关键作用。

（一）智能化财务流程优化与自动化

智能化财务流程优化与自动化主要通过引入人工智能、机器人流程自动化等技术，减少人工干预，实现财务操作的高效化与标准化。传统财务流程通常烦琐、重复且容易出错，而智能化的财务系统能够自动化处理大量日常事务，如发票审批、报销管理、账单核对等，从而显著减少人工成本和时间成本。全球知名的财务软件公司思爱普推出的智能财务解决方案，通过机器人流程自动化技术在财务对账、发票录入和支付处理等方面实现自动化，大大提升了流程效率。以一家国际零售企业为例，通过实施智能财务系统，该公司实现了报销和采购订单审批流程的自动化，不仅减少了时间消耗，还降低了由人工操作带来的错误率。

（二）基于云计算的财务共享服务平台效益

基于云计算的财务共享服务平台能够通过集中化管理和数据共享，提升跨地域、跨部门的财务协作效率。云计算能够实时同步财务数据，打破信息孤岛，实现企业财务数据的集中管理和高效流转，从而提升整个组织的管理效率。华为集团通过自建的云计算平台将全球多个子公司的财务工作集中管理，实现了全球范围内财务数据的实时共享和协同处理。通过云计算平台，华为不仅优化了财务工作流程，还使得财务报表能够在全球各个部门之间快速共享，提高了决策的时效性和准确性。

（三）智能报表与数据可视化在管理决策中的运用

智能报表和数据可视化是管理决策的重要工具，尤其在面对大量复杂数据时，能够帮助管理层快速洞察企业运营状况。智能报表系统通过对财务数据的自动分析，能够生成实时、准确的财务报表，并通过可视化技术展示关键财务指标，帮助决策者做出更为精准的判断。一家上市公司通过引入数据可视化工具，自动生成公司的财务数据报表，并将各项财务指标以图表形式呈现给高层管理人员。管理层可以迅速识别企业的盈利能力、成本结构和现金流状况，从而做出更加科学的决策。这一智能化的财务报表工具不仅提高了财务报告的效率，还使得决策过程更加透明并由数据驱动。

（四）提升企业财务透明度与合规性

智能财务不仅帮助企业提升了管理效率，还在增强企业财务透明度和合规性方面发挥了重要作用。智能财务系统能够自动生成符合国际财务报告准则和各国财税法规的财务报表，确保企业财务信息的合规性。通过智能审计和数据监控技术,企业能够实时追踪财务操作,及时发现潜在的合规风险,降低财务违规的风险。全球审计公司普华永道采用了先进的人工智能技术和大数据分析,对客户的财务数据进行实时监控和审计,确保其符合财务合规要求。通过智能审计方法,普华永道帮助多家跨国公司提升了财务透明度,降低了合规风险。

　　智能财务技术的引入,无论是在财务流程优化、财务共享服务平台、智能报表和数据可视化应用,还是在提升财务透明度和合规性方面,都展现出了巨大的优势。通过智能化手段,企业能够显著提升管理效率、降低运营成本,并有效增强决策的精准度与透明度。未来,随着技术的不断进步,智能财务将在企业管理中发挥更为重要的作用,助力企业实现更加高效和精准的财务管理。

第二章 智能财务体系的构建

第一节 智能财务体系的框架

一、财务信息采集与分析

在现代企业的运营过程中,财务管理不仅是对传统账务的处理,还是在数据驱动的背景下通过信息技术手段,形成对经营活动和财务状况的全方位监控和精准分析。随着人工智能、物联网、大数据等技术的快速发展,传统财务管理正逐步向智能化、自动化方向转型。智能财务体系的构建,不仅是提升财务管理效率和准确性的重要途径,也是帮助企业进行战略决策和风险防控的关键工具。下面将围绕智能财务体系的框架展开,其中财务信息的采集与分析是整个智能财务体系中至关重要的一环。

(一)数据来源与财务数据的多样化

随着信息技术的快速发展,财务数据的来源已经不再局限于传统的账簿和报表,而是涵盖了各种外部和内部的数据源。现代企业的财务信息采集需要从多元化的数据来源获取相关信息,数据不仅包括传统的会计凭证、财务报表,还包括来自企业内部运营管理、客户交易、供应链,以及外部市场环境、宏观经济等多维度的因素。[①] 阿里巴巴利用其电商平台的用户交易数据,结合宏观经济数据和行

---

① 张丽华. 大数据背景下智能财务问题研究 [J]. 活力 , 2023, 41(24): 19-21.

业趋势，能够精准地分析出不同商品、行业甚至地区的财务表现。多维度、多来源的数据分析能力，为企业提供了更具时效性和准确性的财务决策依据。随着社交媒体、搜索引擎等新兴数据源的融入，财务分析逐步突破了传统的财务数据壁垒，为企业提供了更广泛的信息支持。

（二）数据采集技术与自动化工具的应用

在财务信息采集过程中，自动化工具的使用显得尤为重要。企业通过引入财务机器人（机器人流程自动化）、数据抓取工具、物联网传感器等技术，可以在极大程度上减少人工干预，提高数据采集的效率与准确性。自动化财务机器人可以通过与企业资源计划系统的集成，自动抓取各类销售、采购和库存数据，实时更新财务报表，降低了人工输入错误和操作延误的风险。华为公司智能财务系统通过大数据与人工智能技术的结合，实现了对企业全球业务运营的实时数据采集与分析。通过自动化工具，财务人员能够在数分钟内获得精准的财务数据，并进一步对其进行深度分析，大大提升了财务决策的效率和精度。

（三）数据清洗与质量控制的关键技术

数据清洗是保证财务数据准确性的关键步骤，在财务数据采集过程中，通常会遇到数据重复、格式不一致、缺失等问题，这些问题严重影响后续的财务分析和决策，因此采用高效的数据清洗技术是保证数据质量的基础。通过机器学习和自然语言处理技术，系统可以智能识别和修复数据中的异常，甚至自动补充缺失的财务信息。京东财务系统利用机器学习模型对异常交易、重复数据等进行识别和自动修复，这些清洗与质量控制技术可以有效地保障数据的准确性和一致性，从而确保财务报表的可靠性。

（四）大数据分析与财务报表的智能化生成

通过大数据技术，财务数据可以被深度挖掘和分析，帮助企业实现更加精准的财务预测与决策。大数据分析技术通过对大量历史财务数据的处理和分析，可以提供更加深入的洞察，如企业成本结构优化、利润预测、现金流量预测等。财务报表的智能化生成也是智能财务体系中的一个重要组成部分。传统的财务报表生成通常需要人工干预，而现在，借助人工智能与大数据分析，财务报表可以实时生成，并根据数据变化自动更新。百度财务系统通过大数据分析，实现了财务报表的自动化生成和智能化调整。每月的财务报告能够根据业务变动自动调整各项财务指标的计算方法和数据输入，从而提高了报表的准确性和时效性。

智能财务体系的构建，不仅依赖于先进的技术和工具，还依赖于数据来源的多样化和数据分析的深度化。通过自动化的财务信息采集和高效的数据清洗、质量控制技术，企业能够确保财务数据的准确性和可靠性。而大数据分析与智能化报表的生成，则进一步推动了财务决策的科学性和及时性。企业在构建智能财务体系时，必须注重各环节的衔接与技术的创新应用，才能在激烈的市场竞争中取得优势。

二、财务预测与决策支持

随着经济的快速发展和企业管理模式的不断创新，财务预测与决策支持系统在现代企业的财务管理中扮演着越来越重要的角色。通过科学合理的财务预测模型与算法，企业可以预见未来的财务状况，从而制定出更为精准的决策。借助智能化决策支持系统，企业能够处理大量复杂的数据，提供实时、可靠的决策依据。下面将围绕财务预测模型与算法的选择、智能化决策支持系统的构建、机器学习在财务预测中的应用以及决策支持系统对预算与资金管理的作用进行详细探讨。

（一）财务预测模型与算法的选择

财务预测模型是基于历史数据与相关变量，利用统计学、数理模型等技术对未来财务状况进行预测的工具。常见的财务预测方法包括时间序列分析、回归分析、贝叶斯网络模型等。[①]选择合适的预测模型，能够帮助企业提高决策的准确性。一家制造企业在进行未来年度销售收入预测时，使用了时间序列分析模型，通过历史销售数据进行趋势预测。该模型能够准确捕捉到季节性波动和长期趋势，帮助公司更好地规划生产与库存。回归分析常常用于财务预算中，通过与外部经济指标（如通货膨胀率、市场需求等）建立回归关系，能够提供更为科学的预测结果。企业在选择预测模型时，应根据数据的可获得性、数据的时间跨度，以及预测精度要求来选择适合的模型。

---

① 周文婷. 大数据时代智能财务问题研究 [J]. 活力，2023, 41(24): 28-30.

（二）智能化决策支持系统的构建

智能化决策支持系统集成了人工智能、数据分析、自动化决策等先进技术，能够对复杂的财务数据进行快速分析，帮助决策者在瞬息万变的市场环境中做出正确决策。智能化决策支持系统通过整合各类数据源，包括财务报表、市场动态、竞争对手信息等，实现对决策过程的智能化支持。一家大型零售企业构建了一个智能化财务决策支持系统，该系统通过接入全国各大销售渠道的数据，实时分析产品销量、库存水平、竞争对手的价格策略等信息，自动生成优化的资金分配和预算调整方案。系统还具有自学习功能，能够根据历史数据调整决策规则，确保决策的长期有效性。构建智能化决策支持系统需要高效的数据处理能力、精准的算法支持和强大的计算资源，因此企业在实施时要考虑技术、成本和人力资源等多方面的因素。

（三）机器学习在财务预测中的应用

机器学习技术近年来在财务预测领域得到了广泛应用，与传统的统计模型不同，机器学习能够通过自动学习和优化模型来提高预测精度，尤其在处理大规模、多维度的财务数据时，具有较大的优势。常见的机器学习算法如决策树、随机森林、支持向量机等，能够根据历史数据进行模式识别，帮助企业实现更精准的财务预测。一家科技公司使用随机森林算法预测未来的营收与支出，在训练模型时，该公司考虑了诸如研发投入、销售渠道变化、市场需求波动等多个因素。通过机器学习，系统能够不断优化模型，提高预测精度，最终帮助公司制订出更为科学的预算方案和资金分配策略。机器学习的优势在于其强大的非线性建模能力，能够捕捉到传统线性模型无法识别的复杂关系，因此越来越多的企业开始将机器学习应用于财务预测中。

（四）决策支持系统对预算与资金管理的作用

决策支持系统在预算与资金管理中发挥着关键作用，通过集成企业的财务数据、市场数据和运营数据，决策支持系统能够帮助管理者制订更加合理的预算方案，优化资金的配置，降低财务风险。在资金管理方面，系统可以实时监控资金流动情况，自动生成资金调度方案，提高资金使用效率。一家跨国企业利用决策支持系统进行全球预算编制，系统通过实时汇总各个分支机构的财务数据，自动生成公司整体的年度预算报告，并根据各地区的市场动态和销售预测，合理调配预算和资金。系统化的管理模式，减少了手工操作和数据错误的可能性，提高了预算的准确性和资金使用的灵活性。决策支持系统能够在多个维度提供实时反馈，帮助企业在资金管理中做出更加及时和精准的调整，有效避免资金短缺或闲置的风险。

在现代企业管理中，财务预测与决策支持系统的应用已经成为提升决策效率、降低风险和优化资源配置的重要工具。从财务预测模型与算法的选择，到智能化决策支持系统的构建，再到机器学习在财务预测中的应用，这些技术手段相辅相成，共同帮助企业在复杂多变的市场环境中做出科学合理的决策。未来，随着技术的不断进步，财务预测与决策支持系统将继续在提升企业竞争力和财务管理水平中发挥越来越重要的作用。

三、风险管控与内部审计

随着科技的迅猛发展，智能化技术在各行各业的应用日益广泛，尤其在财务风险管控与内部审计领域，信息技术的革新极大地推动了企业风险管理的升级。在财务管理、风险控制及审计领域，智能财务系统、人工智能、大数据、区块链等技术的融合应用，不仅提高了风险识别的准确性，还优化了审计流程和风险监控机制，下面将从四个方面探讨这些技术如何在风险管控与内部审计中发挥重要作用。

（一）智能财务系统对风险识别的精准性提升

智能财务系统的引入，大大提升了财务数据的处理能力和风险识别的准确性。通过运用大数据分析与机器学习算法，智能财务系统能够实时监控财务交易，自动发现潜在风险点，减少人为干预，提升风险识别的效率与精准性。一家大型零售企业在引入智能财务系统后，系统通过对大规模交易数据的自动分析，及时发现了多笔异常资金流动，涉及供应商的重复支付问题。这一问题如果依赖人工审核，可能因工作量过大而漏掉，而智能系统能通过设定的规则自动识别出潜在的风险，保障了企业资金的安全。智能财务系统不仅提高了财务管理的效率，还通过集成智能化的风险预警功能，帮助企业在早期阶段识别并规避潜在的财务风险。

（二）人工智能与大数据技术在风险评估中的应用

人工智能与大数据技术的结合为企业提供了更精确的风险评估手段，人工智能能够从大量历史数据中提取规律，通过机器学习对未来风险进行预测；而大数据技术则通过多维度的数据分析，帮助企业在复杂的环境中识别潜在风险。在保险行业，一家知名保险公司使用人工智能与大数据结合的风险评估系统来评估客户的信用风险。该系统通过分析客户的历史保险记录、行为数据，甚至社交媒体上的公开信息，能够更精确地预测客户的信用风险。相比传统的人工评估方式，人工智能在处理大量信息时表现出了更高的准确性和效率，有效减少了企业因客户信用评估不准确而带来的损失。人工智能与大数据的结合不仅提高了风险评估的科学性，也大大提升了风险管理的前瞻性和灵活性。

（三）区块链技术在内部审计与数据追溯中的作用

区块链技术以其去中心化、不可篡改和透明性高的特点，在内部审计与数据追溯中发挥了重要作用。在财务审计中，区块链可以为交易记录提供安全的存证，确保数据的真实性和不可篡改性，从而提高审计工作的可靠性。一家跨国公司采用区块链技术进行供应链管理，通过在区块链上记录所有交易和物流信息，确保供应链中的每一笔交易都可追溯且不可篡改。内部审计人员可以实时查阅每一项交易的详细数据，从而减少了人工审核时的漏洞和误差，提高了审计效率和精度。区块链技术在审计中提供了一个透明、安全且易于追溯的系统，帮助企业实现更加可靠和高效的财务审计。

（四）智能化审计工具与自动化风险监控机制

智能化审计工具与自动化风险监控机制的结合，使得审计工作更加高效和精准。通过自动化工具，企业能够实现对财务数据的实时监控，及时发现潜在风险，并进行自动化的风险评估和响应。一家银行引入了一套基于人工智能的智能审计系统，系统通过自动分析银行交易数据、员工行为数据等，能够在发现异常行为时及时发出警报。系统自动检测到一名员工频繁操作高金额转账时，会立刻生成预警报告，并将该异常行为上报给审计团队进行调查。该自动化的审计工具大大减少了人为疏漏，提高了审计效率，并能够在更短的时间内发现潜在的风险。智能化审计工具和自动化风险监控机制不仅减少了人工干预，提高了审计工作的精度和效率，还能够提升企业的风险响应速度和决策质量。

随着技术的不断进步，智能财务系统、人工智能、大数据、区块链等新兴技术已经成为现代企业风险管控与内部审计中的重要工具。这些技术的应用不仅提升了风险识别的准确性，还优化了审计流程，推动了企业内部控制的升级。未来，随着技术的进一步发展，企业在风险管理和审计方面将会更加智能化、精细化，从而更好地应对复杂多变的商业环境。

四、财务共享服务中心建设

随着信息技术的快速发展和企业规模的不断扩大，财务管理的复杂性也日益增加。为了提高财务运作的效率和质量，越来越多的企业选择建立财务共享服务中心，并将智能财务系统引入其中。财务共享服务中心不仅有助于集中管理和优化资源配置，还能通过流程优化和技术创新实现财务功能的自动化与智能化。下面将探讨财务共享服务中心的定义、核心功能，智能财务系统的应用，流程优化的策略，以及构建智能化财务共享服务中心的关键技术和步骤。

（一）财务共享服务中心的定义与核心功能

财务共享服务中心是指通过集中化的管理方式，将企业内部各部门和分支机构的财务事务集中处理和管理的一种运营模式。它的核心目标是统一标准、集中处理、降低成本、提升效率。[①] 财务共享服务中心一般包括会计核算、资金管理、财务报表、税务管理、资产管理等多个核心职能。通过财务共享，企业能够减少重复性工作，优化资源配置，进而提升整体财务管理水平。一家大型跨国企业建立了财务共享服务中心，集中处理全球各子公司的财务核算和报表编制。这不仅节省了人力成本，还通过统一的会计准则和操作流程，确保了财务数据的准确性和合规性，极大地提升了财务部门的响应速度与透明度。

（二）智能财务系统在财务共享中心中的应用

智能财务系统是指应用人工智能、大数据、云计算等技术的财务信息化系统，

---

① 翟天津 . 智能财务背景下财务会计向管理会计转型教学研究 [J]. 财会学习 , 2023, (36): 139-142.

它通过自动化的技术手段，能够实现财务数据的智能采集、处理和分析，从而提升财务共享服务中心的工作效率。[①] 智能财务系统在 FSSC 中的应用，能够有效减少人工干预，降低出错率，同时能够提升财务决策的准确性与时效性。一家国际化企业利用智能财务系统在其财务共享服务中心中实现了自动化的财务审核流程，系统能够根据设定的规则自动识别账目异常并提示财务人员进行核对，极大地减少了人工审核的时间和成本。该系统还通过大数据分析，帮助企业实时监控财务状况，为高层管理层提供更为精准的财务决策支持。

（三）财务共享中心的流程优化与效率提升

财务共享服务中心的流程优化是实现效率提升的关键，通过优化财务处理流程、简化审批环节、消除信息孤岛等手段，可以大幅提升财务服务的效率和质量。流程优化的核心目标是实现标准化、自动化和无纸化，减少人为干预，并提高跨部门协作的流畅性。一家互联网公司在其财务共享服务中心中推行了电子发票和自动报销流程，将传统的人工核对发票和手动输入报销单据的方式，转变为电子化自动处理。通过与企业资源计划系统的对接，系统自动完成发票核对、数据输入和审批流转，不仅节省了大量的人工成本，还大幅缩短了报销周期，提升了整体财务管理的效率。

（四）构建智能化财务共享服务中心的关键技术与步骤

构建智能化的财务共享服务中心需要一系列技术支撑与实施步骤，关键技术包括人工智能、大数据、云计算、机器人过程自动化等，这些技术的结合能够实现财务流程的自动化、智能化和精准化。构建步骤则包括需求分析、技术选型、系统开发与集成、人员培训等。一家大型制造企业在构建智能化财务共享服务中心时，进行了详细的需求分析，确定了财务自动化的关键环节。接着企业选择了基于云计算平台的智能财务管理软件，并结合机器人过程自动化技术进行流程自动化。通过与企业资源计划系统的深度集成，实现了数据的实时同步和跨部门的数据共

---

① 林萍 . 智能财务背景下基于产学合作的课程建设探索——以《财务分析》课程为例 [J]. 黑河学院学报 , 2023, 14(12): 96-98+144.

享。企业还对财务人员进行了系统培训，确保其能够熟练使用新系统，提高工作效率。

财务共享服务中心的建设和智能化转型是现代企业提升财务管理效率的必然趋势，通过集中化管理、智能化系统的引入、流程的优化以及技术的支持，企业能够实现财务职能的高效运作和管理成本的降低。在构建智能化财务共享服务中心的过程中，企业需要不断探索适合自身特点的技术应用，并持续改进流程和系统，以不断提升财务共享服务中心的价值和效益。

第二节 数据驱动的财务决策

一、数据采集的标准化与自动化

在现代企业的财务管理中，数据驱动决策已成为提升决策质量和效率的重要手段。财务数据的采集是数据驱动财务决策的基础，如何实现数据采集的标准化、自动化以及确保数据的准确性和实时性，已经成为企业提升财务决策能力的关键。随着技术的不断进步，各类数据采集工具和技术不断涌现，助力企业在全球竞争中占据优势。下面将探讨财务数据采集的标准化流程与要求、自动化采集工具与技术的应用、多渠道数据采集的整合与优化，以及数据采集的准确性与实时性的保障措施。

（一）财务数据采集的标准化流程与要求

财务数据的标准化是确保不同系统、不同部门数据具有一致性和可比较性的前提，企业应建立统一的数据采集标准，明确各类财务数据的定义、格式和来源。统一使用会计科目编码、明确收入、支出的分类标准以及相应的计算方法等。标准化还要求确保数据的准确性和完整性，避免因数据格式不一致而导致决策失误。企业可以根据国际财务报告标准或中国企业会计准则等规定来制定标准。这些标准不仅能够帮助统一财务数据的采集，还能够确保财务数据在全球范围内的可比性。一家跨国公司为适应不同国家的财务报告需求，采用了统一的思爱普系统，将全球各地的财务数据通过标准化流程进行汇总和分析，从而减少了汇总过程中的错误，提高了决策的准确性和效率。

（二）自动化采集工具与技术的应用

随着科技的不断进步，财务数据采集的自动化已经不再是一个遥不可及的目标。企业可以通过各种自动化工具来简化和加速数据采集过程。典型的自动化采集工具包括财务共享服务平台、机器人流程自动化，以及云计算平台的财务数据采集模块。一家大型零售企业通过引入机器人流程自动化技术，将日常财务数据采集流程自动化。该企业的财务部门以前需要人工从各个分店的销售系统中收集数据，整理后进行汇总。这一过程耗时且容易出错。通过机器人流程自动化技术，数据自动从各个销售点系统中提取，并实时汇总到中央数据库，不仅提高了效率，还减少了人工错误的发生。自动化采集工具使得财务人员可以将更多时间投入数据分析和决策上。

（三）多渠道数据采集的整合与优化

在现代企业中，财务数据不仅来自传统的会计系统，还涉及企业资源计划系统、销售系统、库存管理系统等多个来源。因此如何高效整合和优化来自不同渠道的数据，成为企业面临的一个挑战。为了实现数据的整合，企业需要通过中间件或数据集成平台来汇聚和统一不同渠道的数据。一家制造企业通过搭建一个集成平台，将企业资源计划系统、客户关系管理系统和供应链管理系统的数据进行了整合。这一平台能够将不同系统中的财务数据实时同步，确保财务数据的一致性和完整性。通过对数据的整合，财务部门能够更准确地预测现金流和预算执行情况，从而支持更精确的财务决策。多渠道数据采集的整合与优化应用与优势如表 2-1 所示。

表 2-1　多渠道数据采集的整合与优化应用与优势

观点	具体应用与效果	总结与优势
多渠道数据整合的必要性	财务数据来源于会计系统、企业资源计划、销售系统等多个渠道	需要通过中间件或数据集成平台进行数据整合，确保数据一致性和完整性
数据集成平台的应用	制造企业通过集成平台整合ERP、CRM和供应链管理系统的数据	实现不同系统财务数据的实时同步，优化数据管理，减少信息不对称与错误

续表

观点	具体应用与效果	总结与优势
提高财务预测与决策准确性	数据整合后，财务部门能够更准确地预测现金流和预算执行情况	提供更精确的财务决策支持，帮助管理层做出更加科学的财务规划与决策
提升财务数据的统一性与完整性	通过集成平台确保不同来源的数据一致性和完整性	增强财务数据的可靠性，提升整体财务管理水平，避免因数据不一致导致的决策失误

（四）数据采集的准确性与实时性的保障措施

数据采集的准确性与实时性是确保财务决策科学性和及时性的基础，企业通常采用多重措施来对其进行保障。数据的准确性可以通过设立数据验证规则和定期的数据质量检查来保障。在数据采集过程中，可以设定字段验证规则，确保数据符合预期格式，同时通过数据比对、异常值检测等方法，及时发现并纠正错误数据。实时性保障措施则涉及信息系统的更新频率与响应速度，企业可以利用云计算平台和大数据分析技术，实现对财务数据的实时采集和处理。一家国际银行通过在云平台上搭建实时数据处理系统，使得其财务数据能够在交易发生后的几秒钟内更新到财务报告中，从而为快速决策提供支持。

财务数据采集的标准化与自动化不仅能提升数据的准确性和实时性，还能为企业决策提供有力的支持。通过建立科学的数据采集流程、应用自动化工具、整合多渠道数据并确保数据质量，企业可以更高效地进行财务决策，增强市场竞争力。随着技术的不断发展，未来的财务数据采集将更加智能化和精细化，进一步推动数据驱动决策的深度发展。

二、财务分析的智能化工具

随着信息技术的快速发展，智能化工具在财务分析中的应用愈加广泛。传统的财务分析方法面临数据量庞大、处理速度慢等问题，而智能化工具通过大数据分析、机器学习、人工智能等技术，提升了财务分析的效率和准确性。下面将围绕智能财务分析软件的功能与应用、大数据分析在财务分析中的作用、机器学习与人工智能在数据建模中的应用，以及财务数据可视化工具及其在决策支持中的价值，探讨这些技术如何为财务决策提供支持。

（一）智能财务分析软件的功能与应用

智能财务分析软件通过集成多种先进技术，如大数据、人工智能、机器学习等，能够对大量财务数据进行自动化处理、分析和预测。这类软件的主要功能包括自动化财务报表生成、预算分析、财务预测、现金流预测、风险管理等。思爱普S/4HANA作为全球领先的智能财务软件，提供实时财务分析和决策支持功能，帮助企业优化财务流程和提高决策效率。使用该软件的企业可以减少手工操作，提高数据准确性，实时获取财务状况，及时应对市场变化。智能财务分析软件还可以通过机器学习算法分析历史数据，自动生成趋势预测报告，并提供异常情况的预警系统，从而为管理层提供更加精确的数据支持。

（二）大数据分析在财务分析中的作用

大数据分析在财务分析中的作用主要体现在对海量数据的整合与分析上。传统财务分析往往依赖历史数据和静态报表，而大数据分析能够通过实时数据处理、预测模型和数据挖掘，为企业提供更为全面和动态的财务视图。亚马逊通过大数据技术分析客户购买行为、库存流动和市场趋势，不仅优化了自身的供应链管理，还实现了更加精细化的财务预算与支出控制。大数据分析在风险管理方面的应用也极为重要，通过实时监控和分析海量交易数据，企业可以及时识别潜在的财务风险，如资金流动性风险、信用风险等。沃森就是通过其强大的数据分析能力，帮助金融行业企业预测市场走势，并有效规避投资风险。

（三）机器学习与人工智能在数据建模中的应用

机器学习和人工智能在财务数据建模中的应用，主要体现在自动化模型构建、预测分析和决策优化等方面。通过深度学习、支持向量机等算法，机器学习能够处理复杂的财务数据模式，提供更加精准的财务预测。特斯拉利用机器学习模型对未来的现金流和市场需求进行预测，并根据预测结果调整其资本支出和生产计划。机器学习还可以通过分析历史数据和实时数据，帮助企业发现隐藏的财务模式，优化财务决策。汇丰银行使用人工智能和机器学习对信贷数据进行深度分析，从而对客户的信用风险进行精准评估，并在此基础上优化贷款审批流程。机器学习不仅能提高预测准确性，还能大大减少人工分析的时间成本。

（四）财务数据可视化工具及其在决策支持中的价值

财务数据可视化工具能够将复杂的财务数据通过图表、仪表盘等方式展现，使决策者能够迅速掌握关键财务指标，支持更加科学的决策。Tableau 和 Power BI 是目前广泛使用的财务数据可视化工具，它们能够帮助企业将大量的财务数据以图形化的方式呈现，用户可以通过拖放操作、动态筛选等功能，快速了解企业的财务健康状况。可视化工具的一个重要应用场景是在财务报表分析和预算控制中。管理层可以通过实时的仪表盘，查看现金流、利润、负债等关键财务指标，及时发现异常情况并做出调整。微软使用 Power BI 的可视化工具，将全球各地的财务数据进行实时汇总和展示，为其全球财务决策提供了及时准确的数据支持。

智能化工具在财务分析中的应用，极大提升了分析效率和决策质量。从智能财务分析软件到大数据分析，再到机器学习与人工智能的深度应用，这些工具为企业提供了更加精准、全面、实时的财务数据支持。财务数据的可视化技术也为企业决策者提供了直观、易操作的数据展示，进一步提高了财务决策的科学性和时效性。随着技术的不断发展，智能化工具将在财务管理领域发挥越来越重要的作用。

三、基于数据的财务决策优化

随着信息技术的飞速发展，企业的财务决策过程越来越依赖于数据驱动的工具和方法。通过对大量数据的收集、分析与处理，企业能够优化预算编制、精准预测财务趋势、提升决策效率和精度，进而实现财务目标的优化。下面将详细探讨数据如何在预算编制、资金管理、财务预测、趋势分析、智能算法辅助决策，以及成本控制与利润优化方面发挥关键作用。

（一）数据驱动的预算编制与资金管理

预算编制和资金管理是企业财务管理中的核心任务，传统的预算编制多依赖于历史数据和管理者的经验，容易受到人为判断的影响，缺乏灵活性和精确性。随着大数据技术的发展，数据驱动的预算编制方法开始崭露头角。通过收集和分析历史财务数据、市场趋势，以及外部经济环境，企业能够更加精准地预测收入、支出和资本需求。全球领先的零售公司沃尔玛通过对历史销售数据、消费者行为和季节性波动等多维度数据的分析，构建了基于数据的预算编制系统。在此系统中，自动化的算法可以根据不同的销售预测，快速调整预算安排，确保资金的合理配置和使用。这不仅提升了预算编制的精准度，还显著提高了资金使用的效率，避免了资金的浪费。通过数据分析，企业能够灵活调整预算，优化资金流动，提升财务决策的科学性和灵活性，从而实现资金管理的最优化。

（二）大数据在财务预测与趋势分析中的应用

财务预测是企业进行战略规划、制定经营决策的重要依据，传统财务预测方法通常基于历史数据和线性回归模型，虽然能为决策提供一定参考，但在面对复杂多变的市场环境时，往往显得力不从心。而大数据技术的引入，为财务预测带来了革命性的变化。一家国际航空公司通过大数据分析对未来航班的需求进行预测，将航班预订数据、天气信息、节假日效应、乘客反馈等多种数据源相互整合，通过机器学习模型进行预测分析，精准预测每个航班的乘客人数，进而优化机票价格、航班安排，以及人员配备。基于大数据的预测方法，使得企业能够在市场变化中及时作出反应，降低经营风险，提高盈利能力。大数据技术不仅可以帮助企业预测未来的财务趋势，还可以通过趋势分析发现潜在的财务风险，为企业提供早期警示，从而使得财务管理更具前瞻性和科学性。

（三）智能算法在财务决策过程中的辅助作用

随着人工智能技术的进步，智能算法已广泛应用于财务决策过程中，帮助企业提升决策质量和效率。通过大数据分析、机器学习和人工智能，智能算法可以在海量信息中迅速筛选出有价值的数据，为决策者提供科学的决策支持。一家金融科技公司通过智能算法对贷款违约风险进行预测，该公司利用机器学习模型，结合客户的信用历史、社交行为、消费模式等数据，评估每位客户的贷款风险。该系统能够实时更新数据，快速响应市场变化，确保贷款业务的安全性与盈利性。智能算法不仅提高了决策效率，还最大限度地减少了人为错误，增强了决策的准确性。智能算法在财务决策中，不仅能优化风险评估和资金配置，还能在复杂的市场环境中，为企业提供更具洞察力的分析支持，使得财务决策更加精准、科学和高效。

（四）数据驱动下的成本控制与利润优化策略

企业的成本控制和利润优化是财务管理中的关键任务，通过对数据的深度挖掘，企业可以识别潜在的成本浪费，优化资源配置，从而实现更高的利润水平。数据驱动的成本控制方法基于对生产、运营、供应链等各个环节的细致分析，帮助企业实时监控成本并做出相应的调整。一家制造企业通过对生产线数据的实时监控发现生产环节的机器设备频繁出现故障，导致生产停滞和维修成本上升。通过大数据分析，该企业不仅精准定位了问题环节，还能通过预测性维护的方式，提前预警设备故障，从而减少了维修成本，提升了生产效率。与此基于销售和成本数据的分析，企业还能够调整定价策略，优化产品结构，实现了利润最大化。数据驱动的成本控制和利润优化策略，使得企业能够在动态变化的市场环境中，通过及时调整战略，降低运营成本并提升盈利能力。数据驱动下的成本控制与利润优化策略实施方案如表 2-2 所示。

表 2-2　数据驱动下的成本控制与利润优化策略实施方案

行动方案	具体措施	预期效果与优势
实时监控生产与运营成本	部署实时数据采集系统，对生产线、运营及供应链各环节进行监控；利用大数据分析识别潜在的成本浪费与效率瓶颈	精准识别成本浪费和低效环节，实时监控并调整生产和运营策略，降低不必要的开支
预测性维护管理	基于设备数据分析，建立预测性维护模型；提前识别设备故障风险，进行及时的维修和更换，避免突发性停机	减少设备故障导致的停机时间与维修成本，提高生产线的稳定性与生产效率
销售与成本数据分析	收集并分析销售数据、生产成本和市场需求；优化定价策略，调整产品结构，提升利润率	基于数据的定价和产品优化策略，提升产品的市场竞争力，实现利润最大化
灵活调整战略与运营	在市场环境和竞争格局变化时，根据实时数据调整运营策略；针对成本和利润的动态变化，迅速做出战略调整	在市场变化中保持竞争优势，通过灵活调整战略降低运营成本并提升盈利能力

随着大数据、人工智能和智能算法等技术的不断进步，企业的财务决策已经逐步走向数据驱动的新时代。从预算编制、资金管理到财务预测、趋势分析，再到成本控制和利润优化，数据已经成为企业实现高效财务管理的重要支撑工具。通

过数据分析，企业能够优化财务决策，提升资金使用效率，预测未来趋势，并在激烈的市场竞争中获得优势。未来随着技术的进一步发展，数据驱动的财务决策将会变得更加精准、灵活和高效，推动企业持续健康发展。

四、实时财务管理体系

随着科技的不断发展，企业的财务管理逐渐从传统的手工操作和周期性报告转向实时监控和动态调整。这一转变不仅提高了财务管理的透明度，也使得决策过程更加灵活与高效。实时财务管理体系作为现代企业提升财务透明度、加强风险管控和优化资源配置的重要工具，正逐步成为各类企业的核心竞争力。下面将从四个方面详细探讨实时财务管理体系的构建与应用。

（一）实时财务监控与数据流的集成

实时财务监控是实时财务管理体系的基础，它通过将财务数据与公司运营的各类系统进行无缝集成，实现数据的实时采集与自动更新。[①] 集成不仅提升了财务数据的准确性，还能够帮助企业实时了解财务状况，及时识别财务异常或偏差。一家大型零售企业在实施实时财务监控后，将销售系统与财务系统集成，通过实时数据流监控库存、销售、支付等各项指标。当一类商品的销售突然下滑时，系统能立即发出预警，并自动传递至财务部门进行调整。

（二）实时报告生成与决策支持系统的结合

实时报告生成是将实时数据转化为决策支持的关键环节，结合决策支持系统，实时财务报告能够为管理层提供动态、精准的财务分析，帮助其快速作出决策。一家跨国制造企业通过结合实时财务报告生成和决策支持系统，实现了对全球各分子公司的财务情况进行统一监控和分析。当公司面临重大收购决策时，决策支持系统能够基于实时财务数据生成不同情景下的财务预测报告，帮助管理层快速评估潜在的收购风险与回报。这一系统大大缩短了决策周期，并提高了决策的精准性。

---

① 厚文健．浅析人工智能对我国企业财务管理的影响及应对策略 [J]．企业改革与管理，2023, (24): 65-67.

（三）基于云计算的实时财务数据共享与协作

云计算作为信息技术的重要组成部分，极大地推动了企业实时财务管理的协作与共享。通过云计算，企业各个部门和子公司可以实时访问共享财务数据，进行跨部门协作，确保信息流通畅、协同高效。一家全球连锁酒店集团在实施基于云平台的实时财务数据管理后，不同地区的财务部门可以随时查看总部和分支机构的财务状况，并根据实时数据进行预算调整。财务共享平台的使用，使得各个地区能够实现快速响应市场变化，提高了整个集团的财务管控能力。

（四）实时财务管理中的风险预警与自动调整机制

在实时财务管理体系中，风险预警和自动调整机制起着至关重要的作用。通过实时监控与数据分析，企业能够及时识别潜在的财务风险，并通过自动化机制做出反应，减少人为错误和反应时间。一家科技公司在其财务管理系统中引入了基于机器学习的风险预警系统，该系统能通过对历史财务数据的分析，预测公司未来出现的财务波动。当公司现金流出现异常时，系统会自动调整财务预算并通知管理层进行风险处理，避免资金链断裂等重大风险。这一自动调整机制帮助公司减少了财务危机的发生频率，确保了企业的稳定运营。

实时财务管理体系的核心价值在于通过实时数据监控、自动化调整、跨部门协作等方式，提升企业财务管理的灵活性与精确度。随着云计算、大数据等技术的发展，实时财务管理系统不仅可以实现财务数据的即时获取，还可以通过智能化分析和风险预警帮助企业做出更为科学的决策。企业在构建实时财务管理体系时，应该根据自身的业务需求，逐步实现技术集成与流程优化，以提高整体运营效率与市场应变能力。

第三节　智能预算与成本管理

一、动态预算编制方法

在现代企业的预算管理中，传统的静态预算方法已逐渐不能满足快速变化的市场环境需求。动态预算作为一种新兴的预算管理方式，凭借其灵活性和适应性，越来越多地被各类企业所采用。特别是在大数据和人工智能技术的推动下，动态预算编制方法逐渐成熟，并成为战略管理的重要工具。下面将探讨动态预算的概念与特点、编制流程、机器学习算法的应用，以及与战略目标的对接方式，进一步分析机器学习在这一过程中如何发挥关键作用。

（一）动态预算的概念与特点

动态预算是一种基于企业内外部环境变化进行持续调整和优化的预算编制方法，与传统的静态预算相比，动态预算强调根据实际运营情况和市场环境变化实时调整预算内容，以确保预算能够灵活适应各种变化。[①]动态预算的核心特点在于其灵活性、及时性和适应性。企业通过对预算进行动态管理，可以更加精确地控制成本，优化资源分配，减少风险，提升企业的财务透明度和决策效率。一家全球性的零售公司通过动态预算方法，定期审视销售数据和市场趋势，在季度中根据不同区域的销售业绩和库存情况调整预算，从而确保其财务目标与实际运营情况紧密匹配。

（二）基于大数据分析的预算编制流程

随着大数据技术的进步，预算编制的准确性和实时性得到了极大的提升。基于大数据分析的预算编制流程通常包括数据收集、数据处理、预测分析、预算修订和执行监控等环节。企业通过收集和分析大量的市场、销售、成本等多维度数据，运用数据分析工具识别出关键的影响因素，进而预测未来的运营状况，调整预算内容。一家制造企业通过分析生产线的数据，结合外部原材料价格波动信息，提前预测了未来几个月的生产成本并及时调整了预算，避免了由于原材料价格上升造成的成本超支。

（三）机器学习算法在动态预算中的应用

机器学习算法在动态预算编制中具有重要作用，通过训练历史数据，机器学习模型可以帮助预测未来的销售、生产和成本趋势，甚至发现潜在的预算风险。常见的机器学习算法，如回归分析、决策树、神经网络等，能够在实时数据的支持

---

① 曾思琪. 人工智能时代财务会计向管理会计转型研究 [J]. 广东经济，2023, (18): 65-67.

下，对预算进行智能调整。一家在线零售企业使用机器学习模型预测客户需求波动，进而调整产品供应预算和营销费用预算，提高了预算的灵活性和准确性。

（四）动态预算与战略目标的对接方式

动态预算的另一个重要特点是能够与企业的战略目标对接，企业在制定战略目标时，需要结合预算进行合理的资源配置，确保资金的使用与战略目标的一致性。动态预算通过定期的预算调整，确保资金的分配更加灵活，以支持战略目标的达成。一家快速发展的科技公司在年度战略目标中提出要加大研发投入，但随着市场需求的变化，调整了原定的研发预算，以确保战略目标能够在变化的市场环境中顺利实施。

动态预算作为一种适应性强、实时性高的预算管理方式，已经成为现代企业预算管理中的重要工具。随着大数据和机器学习技术的融合，动态预算的编制流程愈加精确和高效。企业通过动态预算不仅能够实时调整预算内容应对外部变化，还能够确保预算的灵活性与战略目标的对接，从而实现资源的最优配置和风险的有效管控。未来，随着技术的进一步发展，动态预算将发挥更大的潜力，推动企业的财务管理更加科学、精准。

二、智能化成本控制模型

随着人工智能、大数据和自动化技术的不断发展，智能化成本控制模型正逐步改变企业的成本管理方式。通过精准的成本预测、智能化的决策支持系统、实时监控和自动调整机制，企业能够更有效地控制成本、提高运营效率，并在竞争激烈的市场中保持优势。下面将详细探讨智能化成本控制模型的各个组成部分，包括基于人工智能的成本预测与控制、成本管理的智能化决策支持系统、成本数据的实时监控与自动调整，以及智能化成本控制模型的案例分析与应用，帮助企业全面了解这一前沿管理工具的应用价值。

（一）基于人工智能的成本预测与控制

基于人工智能的成本预测与控制主要利用机器学习、数据挖掘等技术，通过对大量历史数据的分析和建模，预测未来的成本趋势并采取相应的控制措施，可以减少人为判断的误差，并提供更加准确的成本控制方案。人工智能能够识别出不同成本因素的影响力，帮助企业及时发现潜在的成本风险，优化资源配置。一家汽车制造企业利用人工智能技术分析历史采购数据、生产工艺数据和市场波动，建立了成本预测模型。通过预测原材料价格的波动，人工智能模型能够提前调整采购计划，减少材料浪费，并为管理层提供精确的成本预警。这使得公司能够在供应链出现波动时，快速采取措施，如调整生产计划或寻找替代供应商，从而避免不必要的成本增加。

（二）成本管理的智能化决策支持系统

智能化决策支持系统是通过集成各种数据分析工具，结合人工智能算法，为管理者提供实时、准确的决策依据。在成本管理方面，智能化决策支持系统可以整合企业内部的生产成本、运营费用、市场数据等多维度信息，帮助企业识别成本削减的机会，预测成本变化趋势，并制定科学的成本控制策略。一家大型零售公司采用了一款智能决策支持系统，在其成本管理中实现了精准的预算分配与成本分析。系统能够实时从各个门店、供应商、物流和销售渠道收集数据，自动生成成本报告，并通过模拟不同策略的成本效益，辅助管理层做出最优决策。

（三）成本数据的实时监控与自动调整

实时监控是智能化成本控制模型中的关键环节，它通过自动化的系统，实时跟踪和监测成本数据的变动情况。当成本超出预设范围时，系统会发出警报并提供自动调整建议，能够帮助企业及时发现和应对成本波动，避免因信息滞后或处理不当而导致的成本过高。一家智能家居公司通过实施基于物联网的成本实时监控系统，持续监控生产线的设备运作、能耗和原材料使用情况。当系统发现一台设备的能耗异常或一个生产环节的浪费较大时，会自动通知相关人员进行调整。实时监控不仅降低了生产成本，还提升了能效管理，帮助企业在保持高质量产品的同时有效压缩了生产成本。

（四）智能化成本控制模型的案例分析与应用

智能化成本控制模型在各行各业的应用已取得显著成效，尤其是在制造业、零售业和供应链管理等领域。通过结合人工智能、大数据和物联网技术，企业能够在提升生产力的同时实现精准的成本控制和优化资源配置。一家全球领先的消费电子公司通过实施智能化成本控制模型，在生产环节中大幅提高了成本效率。该公司使用人工智能算法预测生产过程中各类成本的波动，并结合实时数据分析，对生产计划、库存管理、供应商采购等环节进行精细化管理。

　　智能化成本控制模型不仅提升了企业的成本预测能力，还通过集成多种先进技术，如人工智能、实时数据监控与自动调整系统，为企业提供了一个更加精准和高效的成本管理工具。通过实施智能化成本控制模型，企业能够实时掌握成本波动，快速调整生产和运营策略，从而在竞争激烈的市场中保持竞争力。随着技术的不断进步，未来这一模型的应用将更加广泛，助力企业在优化成本的同时提升整体运营效率和市场适应能力。

三、预算执行的实时监控

　　预算执行是企业管理中至关重要的环节，涉及资金使用的合理性、效益，以及财务资源的高效配置。随着信息技术的不断发展，尤其是大数据与人工智能的应用，预算执行的实时监控已经成为提升管理效率、避免资源浪费和确保预算执行效果的关键工具。下面将详细阐述预算执行实时监控的各个方面，包括实时数据采集与预算执行情况对比、预算执行中的异常监测与预警机制、智能化监控工具与报表自动生成，以及预算执行调整与资源优化的智能化流程。

（一）实时数据采集与预算执行情况对比

　　预算执行的实时监控依赖于准确和及时的数据采集，通过建立与各部门业务系统的接口，可以实时获取资金使用、成本支出、收入等关键财务数据。在此基础上，将实际数据与预算计划进行对比，评估当前预算执行的情况。如果实际支出超过了预算，系统会即时标识出偏差，并进行提醒。一家大型零售公司在其年度预算中计划了每季度1500万元的广告费支出，但通过实时数据采集和分析，系统发现第一季度广告支出已经达到了1700万元。通过与预算的对比，预算执行情况的异常被及时发现并且财务部门可以迅速采取措施，重新评估后期的广告投放策略。实时数据采集与对比使得预算执行的透明度大大提升，并有效避免了资金的浪费。

（二）预算执行中的异常监测与预警机制

　　在预算执行过程中，经常会出现一些未预见的异常情况，比如资金的非正常支出、部门预算的严重超支或不合理的资金流动。为了及时发现这些异常情况，需要依托智能化的监测和预警机制。通过设定阈值和警戒线，系统可以实时监控预算执行情况，一旦实际支出超出设定范围，系统会自动触发预警。

（三）智能化监控工具与报表自动生成

随着智能化技术的发展，预算执行的监控工具也越来越智能化，能够自动生成各类报表并进行数据分析。智能监控工具不仅可以实时采集数据，还可以对数据进行自动化的分析，帮助管理层快速理解预算执行的现状。通过大数据分析和机器学习算法，智能工具能够发现预算执行中的潜在问题，帮助决策者制定及时的调整措施。一家科技公司采用了基于人工智能的预算监控工具，能够根据不同部门的预算执行情况，自动生成月度、季度及年度的预算执行报表。该工具不仅可以显示预算执行的详细情况，还可以根据历史数据预测未来预算偏差，并提出预警。

（四）预算执行调整与资源优化的智能化流程

智能化预算执行监控系统的一个重要功能是支持预算调整与资源优化，当预算执行过程中出现异常时，系统能够根据实时数据和历史趋势提供调整建议。一家制造企业在生产过程中发现原材料的采购价格上涨，导致预算执行出现偏差。通过智能预算系统，企业能够自动调整采购预算，并重新分配其他部门的预算资源，从而优化整体预算执行的效果。一家国际企业财务部门在每月定期对预算执行情况进行调整时，通过智能化系统不仅能分析各项支出的趋势，还能自动模拟不同预算调整方案的效果。根据系统提供的数据分析，企业能够选择最优化的预算调整方案，从而保证资金的合理流动和最优使用。

预算执行的实时监控不仅提高了财务管理的效率，还能有效地应对预算执行过程中出现的异常和问题。通过实时数据采集与对比、异常监测与预警机制、智能化监控工具与自动化报表生成，以及智能化调整与资源优化流程的结合，企业能够实现预算的精确控制与资源的最优配置。这些技术的应用，使得预算执行更加透明、灵活和高效，从而为企业的可持续发展提供了有力支持。

四、基于智能技术的差异分析

随着智能技术的不断发展，各行各业都在逐渐采用智能化工具来提升工作效率和准确性。差异分析作为财务、预算、生产等多个领域中常见的分析手段，传统方法往往依赖人工操作，效率低且容易出错。借助智能技术，差异分析不仅能自动化处理大量数据，还能提供更为精准和实时的分析结果，从而为企业决策提供有力支持。下面将深入探讨智能化差异分析的定义与方法、数据分析工具在差异分析中的作用、预算差异的自动识别与分类，以及差异分析结果的智能化决策应用等方面。

（一）智能化差异分析的定义与方法

智能化差异分析是指通过利用大数据、机器学习、人工智能等技术，对不同数据集之间的差异进行识别、分析和优化的过程。[①]传统的差异分析通常依赖人工逐项对比和人工计算，效率低且容易遗漏重要因素。而智能化差异分析通过自动化的数据处理和智能算法，能够快速识别出数据中潜在的差异，并根据历史数据和模式进行预测与优化。在财务管理中，企业可以利用智能化差异分析工具自动对比预算与实际支出之间的差异，从而迅速找出不合理的开支或收入波动。通过机器学习算法，系统不仅可以进行数据分析，还可以根据历史数据对未来的预算进行修正和优化，从而提高决策的科学性和准确性。

（二）数据分析工具在差异分析中的作用

数据分析工具在智能化差异分析中的作用不可或缺。随着大数据技术的发展，企业可以通过多种数据分析工具对海量数据进行实时监控和深度挖掘，工具能够从多个维度进行数据的对比分析，并且根据特定的分析模型自动识别出其中的差异和趋势。一家零售企业使用 Power BI 工具对销售数据进行差异分析，发现一地区的销售额出现了大幅度下滑。通过工具提供的多维度数据分析，管理层能够快速找到导致差异的具体原因，如库存短缺、竞争对手活动等。

（三）预算差异的自动识别与分类

预算差异的自动识别与分类是智能化差异分析的一个重要应用场景，传统的预算管理中，财务人员需要手动对比预算与实际支出的差异，工作烦琐且容易出错。而智能化差异分析能够通过算法自动识别预算与实际之间的差异，并进行分类处理。系统不仅可以识别出具体的预算偏差，还可以根据不同类别（如收入差

---

① 连琼凤 . 高校智能财务模型构建：从智能核算到智能决策 [J]. 商业会计 , 2023, (24): 45-49.

异、成本差异等）对其进行智能分类，从而帮助管理者更清晰地了解各项差异的根源。一家制造企业通过智能化差异分析系统，自动识别出与原材料采购相关的预算差异，并将其分为"采购价格上涨"和"采购量增加"两类。通过对差异的进一步分析，管理层能够发现供应链上的问题，从而采取相应的措施，如调整采购策略或与供应商进行谈判。

（四）差异分析结果的智能化决策应用

差异分析的最终目的是为决策提供支持，智能化决策应用则是实现这一目标的关键。智能化决策应用能够基于差异分析的结果，自动生成优化方案或决策建议，从而帮助管理层做出更加科学、精准的决策。结合机器学习、深度学习等技术，智能化决策系统可以根据历史数据、行业趋势等信息，预测未来差异变化，并提出预警和优化建议。一家企业在进行财务预算差异分析时，发现一个部门的支出超出了预算。通过智能决策系统，系统不仅能够分析出超支的原因，还能根据过往的数据提出如何调整预算结构或优化成本控制的建议。管理层根据这些智能化的建议可以快速调整策略，避免不必要的支出。

智能化差异分析通过自动化、智能化的手段，提高了差异识别和决策的效率与准确性。从定义和方法、数据分析工具的应用到预算差异的自动识别与分类，再到智能化决策应用，这一过程不断推动着企业管理水平的提升。随着技术的不断进步，未来智能化差异分析将进一步扩展应用范围，成为各行业决策支持的重要工具。

第四节　智能绩效管理与评价

一、关键绩效指标的智能分析

在现代企业管理中，绩效管理已成为提高组织效率和员工动力的关键工具。随着信息技术的发展，特别是大数据和人工智能的应用，传统的绩效管理方法正在经历深刻的变革。智能化的绩效管理系统通过关键绩效指标的智能分析，使得组织能够更加精准地评估员工和团队的表现，及时发现问题，并做出相应调整。下面将深入探讨关键绩效指标的定义与选择、基于大数据的关键绩效指标智能分析方法、大数据和人工智能在这一过程中所起的作用，以及关键绩效指标分析中的数据可视化与趋势预测。

（一）关键绩效指标的定义与选择

关键绩效指标是衡量组织、部门或个人是否达成既定目标的量化标准。关键绩效指标的选择应紧密围绕组织的战略目标和实际运营需求。常见的关键绩效指标包括销售增长率、客户满意度、员工生产率等。[①] 在选择关键绩效指标时，首先要确保其与业务目标对齐，其次要具备可衡量性、可操作性，以及适应性。一家互联网公司会选择"月活跃用户数"和"用户留存率"作为关键绩效指标，来评估产品的市场表现和用户黏性。科学的关键绩效指标选择不仅能帮助管理者及时监控绩效，还能为企业制定调整策略提供依据。

（二）基于大数据的关键绩效指标智能分析方法

随着大数据技术的发展，企业能够处理和分析大量的多维数据，为关键绩效指标的智能分析提供了强大的支持。基于大数据的智能分析方法通常涉及数据挖掘、机器学习和统计建模等技术。通过这些方法，企业可以实时获取关键绩效指标的变化趋势，并对潜在的风险进行预警。

（三）大数据和人工智能在这一过程中所起的作用

人工智能在关键绩效指标监测中的应用主要体现在自动化数据分析、实时监控和异常预警等方面，人工智能技术能够通过算法快速处理和分析大规模数据，发现潜在的绩效波动或问题。一家制造企业引入人工智能系统，通过实时监测生产线的各项关键绩效指标，如生产效率、设备故障率等，能够在出现异常波动时自动发出预警，提醒管理层采取相应的措施。

（四）关键绩效指标分析中的数据可视化与趋势预测

数据可视化和趋势预测是关键绩效指标分析中的重要组成部分，能够帮助决策者快速理解数据背后的含义。通过将关键绩效指标数据转化为图表、热力图等

---

① Hu S. Research on Comprehensive Budget Performance Management in Universities under the Background of Smart Finance[J]. Accounting and Corporate Management, 2023, 5(11): 28-30.

可视化形式，管理层能够一目了然地识别出问题领域，并做出相应调整。基于历史数据和趋势分析，企业还可以运用预测模型对未来的关键绩效指标表现进行预判。一家零售公司利用时间序列分析预测未来几个月的销售趋势，从而优化库存和人力资源安排，避免因预测失误而导致的资源浪费。

智能绩效管理系统利用大数据和人工智能技术，不仅提升了关键绩效指标的分析精准度，也为企业提供了更为灵活和实时的决策支持。从关键绩效指标的定义与选择，到基于数据的智能分析，再到人工智能的应用与数据可视化，每一环节都为企业的运营效率和战略目标的实现提供了有力保障。未来随着技术的不断发展，智能绩效管理将成为推动企业高效运营和持续创新的重要动力。

二、基于大数据的绩效预测

在现代企业管理中，绩效预测已经成为企业制定战略、调整运营和优化资源配置的关键工具。随着大数据技术的迅猛发展，企业能够基于大量历史数据和实时数据，通过智能化的分析手段，精准预测未来的绩效趋势。大数据、机器学习和数据挖掘技术的融合，使得绩效预测不仅更为准确，还能在动态变化的环境中提供实时的预警和指导。下面将深入探讨基于大数据的绩效预测，包括大数据技术的应用原理、机器学习与数据挖掘的作用、多维度数据源的融合，以及基于历史数据的绩效波动与风险预警。

（一）大数据技术在绩效预测中的应用原理

大数据技术在绩效预测中的核心原理是通过收集、处理和分析大量来自不同渠道的数据，识别出潜在的趋势和模式。数据来自内部运营、市场动态、客户行为、员工绩效等多个方面。利用大数据平台和工具，企业能够快速地从庞大的数据集中提取有价值的信息，为绩效预测提供支持。一家航空公司利用大数据技术分析航班的准点率、乘客满意度、运营成本等多项关键绩效指标，结合天气情况、航班延误历史和乘客反馈数据，预测未来几个月的绩效趋势。通过对这些数据的综合分析，航空公司不仅能预测整体的运营效益，还能针对不同航线制定具体的改进措施，优化资源配置。

（二）机器学习与数据挖掘在绩效趋势预测中的作用

机器学习和数据挖掘技术在绩效预测中起到了至关重要的作用，机器学习算法通过对历史数据的学习,可以在没有明确规则的情况下发现数据中的潜在模式,并基于这些模式进行预测。利用监督学习算法,企业可以通过历史的销售数据来预测未来的销售趋势;而数据挖掘技术则通过分析大量的数据集,挖掘出有价值的信息,从而为绩效预测提供精准的依据。

（三）多维度数据源的融合与绩效预测精度提升

在传统的绩效预测中,数据往往来源单一,限制了预测结果的准确性。而现代的大数据技术可以整合来自不同维度的数据源,从而提升预测的精度。企业可以将员工绩效数据、市场营销数据、消费者行为数据、外部经济环境数据等多种信息进行融合,综合分析,从而更全面、精准地预测绩效趋势。汽车制造商将员工的生产效率、客户的售后服务反馈、市场的竞争动态和经济宏观数据相结合,进行绩效预测。通过多维度数据的融合,系统不仅能够预测生产线的产量,还能够提前识别出影响客户满意度的因素,为调整生产和售后服务提供依据。多维度数据源的融合与绩效预测精度提升策略如表 2-3 所示。

表 2-3　多维度数据源的融合与绩效预测精度提升策略

关键因素	具体内容	预期效果与优势
多维度数据融合	融合员工绩效数据、市场营销数据、消费者行为数据、外部经济环境数据等多种信息	提升数据整合度和准确性,确保预测分析更全面、精确
绩效预测模型	结合员工生产效率、客户售后反馈、市场竞争动态和宏观经济数据进行综合分析	精准预测生产线产量和客户满意度,提前识别潜在风险,为决策提供数据支持
客户满意度分析	分析售后服务反馈和市场动态,识别影响客户满意度的因素	提供调整生产和售后服务的依据,提升客户满意度并优化产品服务
精确预测与调整	基于多维度数据,提前预测绩效趋势,并为生产线调整与客户服务优化提供决策依据	提高整体业务效能,优化生产流程和客户体验,提升企业的市场竞争力与盈利能力

（四）基于历史数据的绩效波动与风险预警

基于历史数据的绩效波动与风险预警,是通过对过去绩效数据的分析,识别出导致未来绩效波动的潜在因素。通过建立预测模型和设定阈值，企业可以及时发现偏离预期的绩效波动，并进行干预和调整。特别是在复杂的市场环境下，绩效波动的风险更为不可预测，因此风险预警机制显得尤为重要。一家金融机构通过对员工销售业绩的历史数据进行分析，建立了风险预警模型。当员工的销售业绩在特定时间段内出现异常波动时，系统会自动发出预警，提醒管理者关注风险，如员工流失、市场变化或管理问题等。

基于大数据的绩效预测已经成为企业战略决策的重要工具，通过大数据技术、机器学习、数据挖掘等手段，企业能够准确预测未来的绩效趋势，及时发现问题并采取相应措施。从多维度数据源的融合到风险预警机制的建立，智能化的绩效预测系统为企业的运营和管理提供了强有力的支持。随着科学技术的不断发展，基于大数据的绩效预测将进一步提升其精度和实时性，成为企业应对复杂环境变化的关键工具。

三、绩效改进的智能化建议

随着科学技术的不断发展，智能化管理已经成为企业提升绩效、激励员工和优化工作流程的重要手段。智能化系统不仅能够帮助企业监控员工和团队的绩效，还能够为绩效改进提供切实可行的建议。这些系统通过大数据分析、机器学习和实时反馈机制，提供自动化、个性化和动态调整的解决方案。下面将探讨智能化系统改进的各个方面，包括自动化建议生成、个性化提升策略、反馈机制和实时优化等内容，揭示这些技术如何帮助企业实现绩效持续提升。

（一）智能化系统在绩效改进中的自动化建议生成

智能化系统通过集成大量的绩效数据与算法模型，能够实时分析员工的表现，并自动生成改进建议。建议基于员工的工作特点、任务难度和实际表现，具有高度的个性化。一家科技公司引入了一套智能绩效管理系统，该系统能够在分析员工的项目完成情况、协作反馈和时间管理数据后，自动生成针对员工的改进建议。如果员工在项目管理中出现延误，系统会建议其加强时间管理和任务优先级的制定，并推荐相关的培训课程或工具使用方法。自动化建议生成方式不仅能够节省管理层的时间，还能够确保每个员工都能得到量身定制的改进方案，从而提高团队整体的工作效率。

（二）基于数据分析的个性化绩效提升策略

智能化绩效改进系统的另一大优势是基于数据分析的个性化策略制定。通过分析员工的历史数据、行为模式和工作习惯，系统能够识别出每个员工的优势和薄弱环节，进而制定个性化的绩效提升策略。一家互联网公司在进行员工绩效评估时，利用数据分析发现一个销售团队成员在客户沟通和产品推荐上表现突出，但在后续跟进和售后服务方面有所欠缺。系统根据这一数据，推荐了该员工参与售后服务和客户关系管理的培训，帮助其提升这一方面的能力。个性化的绩效提升策略，不仅能最大限度地发挥员工的优势，还能帮助他们补齐短板，提升整体工作表现。

（三）智能化反馈机制与员工绩效提升路径

智能化反馈机制是现代绩效管理的重要组成部分，与传统的年度绩效评估不同，智能化反馈机制强调实时性和互动性。通过智能化系统，员工能够随时获得对自己工作的反馈，并且这些反馈具有针对性和可操作性。一家零售公司引入了一种基于智能系统的即时反馈机制，当店员的销售业绩出现波动时，系统会立即生成反馈，并通过手机软件推送给员工，告知其在接待顾客、促销技巧等方面的具体改进建议。员工还可以通过系统向主管请求反馈和指导，形成双向互动，帮助员工在日常工作中持续进步。实时反馈机制不仅提升了员工的工作积极性，还能帮助他们在短时间内进行针对性调整，形成持续改进的良性循环。

（四）智能化绩效改进方案的实时调整与优化

智能化绩效改进系统的核心优势之一是能够根据实时数据进行动态调整和优化，随着外部环境和内部条件的变化，绩效改进方案需要不断地做出调整。智能化系统通过对实时数据的监控与分析，能够及时发现偏差，并提出相应的改进措施。一家制造企业在使用智能化绩效改进系统时，发现由于市场需求的变化，一些生产线的员工绩效出现了下滑。系统通过分析生产线的具体数据，立即提出调整生产计划和重新分配员工的建议，从而优化了绩效改进方案，使得整体生产效率得以提升。通过实时调整，智能化系统能够确保绩效改进方案始终与企业的战略目标和市场变化保持一致，增强了企业的灵活性和适应性。

智能化绩效改进不仅是企业提升员工表现、优化工作流程的重要工具，也是实现可持续发展的关键驱动力。从自动化建议生成到个性化提升策略，再到智能化反馈机制和实时调整，智能化系统为企业提供了全方位的支持。通过智能化技术的应用，企业不仅能够精确识别绩效改进的关键点，还能够为员工提供持续成长的路径，最终提升组织的整体绩效。随着技术的不断进步，智能化绩效管理将在未来发挥越来越重要的作用，帮助企业实现更高效、更精细化的管理。

四、绩效管理中的技术辅助

在现代企业管理中，绩效管理作为衡量员工和组织绩效的重要工具，其发展已经越来越依赖于技术的辅助。随着信息技术的飞速发展，人工智能、云平台、区块链等技术不断渗透到绩效管理中，极大地提高了其精准性、透明性和效率。下面将探讨几种技术在绩效管理中的应用及其影响，并结合真实案例来深入分析这些技术的实际效用。

（一）人工智能在绩效评估中的辅助作用

人工智能在绩效管理中的应用越来越广泛，特别是在绩效评估过程中，人工智能通过自动化数据分析、预测员工表现、提供个性化反馈等方式，极大地提高了绩效评估的精准度与公正性。人工智能能够利用机器学习算法分析员工的工作数据，识别出隐藏的工作模式，从而提供更为客观的评价。一跨国公司利用人工智能技术分析员工的工作效率、任务完成质量和团队协作能力，通过数据分析来预测员工的未来表现，而不是依赖单一的管理者评定。基于数据的评估方式，减少了人为偏见，并能够实现更加个性化的绩效反馈，帮助员工在短时间内提高绩效水平。人工智能还可以通过自然语言处理技术分析员工的反馈、会议记录等非结构化数据，提取出有价值的绩效信息。一些企业在进行绩效面谈时，人工智能工具能够实时分析员工和上级的对话内容，从中提取出员工的优缺点，并自动生成反馈报告，极大地提高了绩效评估过程的效率和质量。

（二）基于云平台的绩效管理系统与协同工作

云平台在绩效管理中的应用，不仅提升了数据存储和访问的便捷性，还加强了团队协作的效率。云平台支持实时数据更新和远程访问，使得不同地区和部门的管理者能够随时查看和评估员工的绩效，促进了协同工作。阿里巴巴公司通过其自主研发的云平台系统，搭建了一套全球统一的绩效管理体系。各地的团队可以在云平台上共享员工的工作成果和评价结果，管理层能够随时跟进员工的绩效进展，确保绩效评估的透明度和公正性。云平台还支持员工自助管理与反馈，员工能够实时更新自己的工作进度，并接受来自同事和领导的即时反馈，形成闭环的绩效管理流程。云平台的灵活性和多功能性使得绩效管理不仅能够定期评估，还能够支持持续的绩效跟踪和即时调整。

（三）绩效管理中的区块链技术与数据透明性

区块链技术以其不可篡改、去中心化、公开透明等特点，逐渐成为绩效管理中的一项重要技术应用。通过将员工的工作成果、考核记录等信息存储在区块链上，企业能够确保所有数据的真实性和透明度，防止数据篡改和伪造，从而提升员工对绩效评估的信任度。一些科技公司正在试验利用区块链技术来记录员工的工作成绩和业绩，通过智能合约自动生成考核结果，并确保所有数据都能追溯和验证，从而消除人为干预和偏见。

（四）智能化工具在绩效数据收集与报告生成中的应用

智能化工具，如自动化数据收集、数据分析软件和报告生成工具，极大地简化了绩效数据的收集与分析过程。这些工具能够实时收集员工的工作数据，进行自动化分析，并生成详细的绩效报告。以 Salesforce 的 "Einstein Analytics" 为例，这个工具能够自动从公司内部系统收集员工的业绩数据，并通过智能算法对数据进行分析，最终生成符合管理者需求的报告。不仅能减轻 HR 和管理者的工作负担，还能通过精确的数据分析为决策提供有力的支持。这些工具能够生成可视化的绩效报告，使得管理者能够更加直观地看到每个员工的表现和发展潜力，并及时进行绩效调整。通过这些智能化工具，企业能够在短时间内对大量数据进行处理和分析，提升了工作效率，减少了人为错误。

随着科学技术的不断发展，人工智能、云平台、区块链等技术在绩效管理中的应用为企业带来了巨大的变革。这些技术不仅提升了绩效评估的公正性、透明性和效率，还推动了企业管理方式的创新。未来随着技术的进一步成熟和普及，企业将在绩效管理中更加依赖这些技术，从而实现更加科学、精准和灵活的绩效管理体系。这些技术的应用将不仅限于数据分析和报告生成，更将渗透到整个企业管理的各个方面，推动企业绩效管理的全面升级。

第三章　智能技术在管理会计中的应用

第一节　智能财务在预算管理中的应用

一、预算编制的智能化工具

随着信息技术的迅速发展，智能技术在财务领域的应用逐渐深化，尤其是在预算管理方面，智能化工具和系统正变得日益重要。传统的预算编制过程往往依赖人工操作，效率低、准确性差且耗时长。而智能财务技术的引入，特别是通过大数据分析、机器学习和自动化工具的使用，显著提高了预算编制的精准度和效率。下面将详细探讨智能财务技术在预算管理中的应用，重点介绍智能预算编制系统的核心功能与优势、基于大数据的预算预测与优化、机器学习在预算编制中的应用以及自动化工具在预算编制中的数据输入与处理。

（一）智能预算编制系统的核心功能与优势

智能预算编制系统通过集成先进的算法和自动化技术，能够显著提高预算编制的效率和准确性。其核心功能包括自动化数据采集、预算预测、实时监控与调整等。通过与企业内部各部门系统的对接，智能系统可以实时获取最新的财务数据和运营数据，从而根据历史数据与市场趋势，自动生成预算方案。[①] 智能预算编制系统的优势在于能够降低人工干预的频率，减少人为错误，提升预算编制的准

---

① 高艺. 智能化时代财务会计向管理会计转型的关键点 [J]. 财经界, 2023, (18): 102-104.

确性。系统能够通过实时监控预算执行情况，及时发现偏差并进行调整，保证预算的灵活性和适应性。一家大型制造公司引入智能预算编制系统后，预算编制周期由原来的三个月缩短至一个月，预算执行中的偏差也大幅减少。

（二）基于大数据的预算预测与优化

基于大数据的预算预测与优化，是智能财务系统的一个重要应用领域。大数据技术能够帮助企业处理来自不同来源的海量数据，通过对历史数据的深入分析，预测未来的财务状况，并在此基础上优化预算方案。一家全球零售企业利用大数据分析工具，通过整合销售、市场、客户行为等多个维度的数据，能够精确预测未来几个月的销售趋势，并据此调整预算分配。这不仅提高了预算的准确性，还使得资金分配更加合理，有效避免了预算过度或不足的问题。通过大数据分析，预算编制不再依赖于单一的历史数据，而是考虑到外部环境、市场趋势和其他多变因素，极大提升了预算的科学性和动态性。

（三）机器学习在预算编制中的应用

机器学习作为人工智能的一种重要分支，已经在预算编制中得到广泛应用。通过机器学习算法，系统能够从大量历史数据中提取规律，并基于这些规律预测未来的财务状况。与传统的预算编制方式相比，机器学习能够处理更多复杂的变量，生成更为精准的预算。一家互联网公司在使用机器学习进行预算编制时，系统分析了过去几年中不同部门的支出模式、市场环境的变化，以及公司收入的波动。通过对这些数据的训练，机器学习模型能够预测未来各部门的资金需求，并自动调整预算分配。

（四）自动化工具在预算编制中的数据输入与处理

自动化工具在预算编制中的作用不可忽视，它能够大幅度提高数据处理的效率。通过与企业财务管理系统和企业资源计划系统的无缝对接，自动化工具能够自动导入相关数据，减少人工输入错误，提高数据的准确性。一家跨国企业在使用自动化工具处理预算编制时，通过系统与企业资源计划系统的接口，自动获取全球各子公司的财务数据。系统不仅能根据预设规则进行数据清洗和分类，还能根据实时数据自动更新预算，确保预算数据的时效性和准确性。自动化工具还能够生成财务报告，帮助财务人员迅速识别预算执行中的异常并及时采取措施。

通过这一工具，企业节省了大量的人力资源，并大幅提高了预算编制的效率和准确性。

智能财务技术在预算管理中的应用，为企业提供了更加科学、精准、实时的预算编制和管理方式。通过智能预算编制系统、大数据分析、机器学习和自动化工具，预算的编制过程不仅变得更加高效，而且可以实时调整，确保预算更加符合实际需求。企业在实施智能财务技术时，应根据自身的特点与需求，灵活选择合适的工具和系统，进一步提升预算管理的精准度和灵活性。

二、预算过程中的协同优化

预算管理作为组织运作中的重要环节，涉及多个部门和层级的协调与合作。随着技术的发展，尤其是云计算、大数据和人工智能的普及，预算过程中的协同优化逐渐成为提高效率、降低成本和提升决策质量的关键因素。以下内容将深入探讨如何通过基于云平台的预算协同管理、跨部门数据共享与集成的协同机制、智能化协作工具在预算过程的作用及预算修订与调整的自动化流程与协作优化等方式，实现预算过程中的协同优化，从而提升预算管理的整体效能。

（一）基于云平台的预算协同管理

随着云计算技术的快速发展，越来越多的组织选择将预算管理转移到云平台上，以提升预算过程中的协作与透明度。基于云平台的预算协同管理能够有效整合分散在不同部门的数据，打破信息孤岛，实现实时共享与动态调整。云平台能够提供多方参与的协同工作环境，预算编制、审核和调整等环节都可以通过云端进行，确保各部门能够在同一平台上查看预算进度、提出修改意见并进行审批。一家大型企业在预算编制时，采用了基于云计算的思爱普系统。系统中集成了财务、采购、人力资源等多个部门的数据，所有部门可以在平台上实时共享预算数据，减少了部门间因信息不对称而导致的协调成本。云平台不仅提高了数据共享的效率，还能通过数据分析工具实时跟踪预算执行情况，确保预算编制过程的及时调整与优化，从而避免了传统预算编制过程中因沟通不畅而产生的预算偏差。

（二）跨部门数据共享与集成的协同机制

在预算管理中，跨部门的数据共享与集成是确保预算编制准确性和全面性的关键。传统的预算编制模式中，各部门往往使用不同的系统和工具，导致信息孤立、数据重复和错误，从而影响预算的整体质量与执行效果。通过跨部门的数据共享和集成，能够消除这些障碍，确保预算编制的统一性与协调性。一个有效的跨部门协同机制通常包括统一的数据标准、共享平台以及明确的责任分工。一家跨国公司在进行年度预算编制时，财务部门通过与销售、生产和人力资源等部门的数据对接，确保预算数据的准确性和时效性。每个部门在系统中输入自己的数据后，财务部门会进行汇总和分析，形成一个完整的预算方案。该方案不仅反映了各部门的需求，还能及时发现潜在的财务风险或资源配置问题。跨部门的数据集成机制，不仅提高了预算编制的效率，也大大减少了数据重复录入和错误修正的时间，提高了预算管理的精准度。

（三）智能化协作工具在预算过程中的作用

智能化协作工具在预算管理中发挥着越来越重要的作用，通过自动化和智能化的工具，预算过程中的协作变得更加高效与灵活。这些工具通常集成了数据分析、预测模型、自动审核等功能，能够帮助预算团队快速识别问题、提出调整方案，并确保预算执行的可控性。一家金融机构在预算编制中使用了基于人工智能算法的预算预测工具，通过机器学习模型，系统能够根据历史数据、市场趋势，以及部门需求，自动生成预算预测，并提供预算偏差的预警。财务人员可以根据系统的建议，进行优化和调整，从而提高预算的准确性。智能化工具还可以协助跨部门的实时沟通与协作，使用在线协作平台，团队成员能够通过即时消息、文件共享和版本控制等功能，实时同步工作进展，快速响应问题，显著提高了工作效率。

（四）预算修订与调整的自动化流程与协作优化

预算编制不仅是一个固定流程，通常还需要根据外部环境变化或内部需求调整进行修订。预算修订与调整的自动化流程，不仅能提升效率，还能确保在修改预算时的协调性和准确性。一家大型制造企业在年度预算过程中，采用了自动化的预算修订流程。系统通过实时数据监控，自动识别预算执行中的偏差，并根据预设的规则自动提出调整建议。财务部门通过系统自动生成的报告，能够迅速评估是否需要进行预算调整，并向各相关部门征求意见。所有的修订和调整都可以通过系统自动记录和审计，确保整个过程透明且可追溯。通过自动化的预算修订流程，企业能够在变化的市场条件下灵活应对，确保预算始终保持最新的、符合实际情况的状态。这不仅提高了预算的灵活性，也加速了预算调整的决策过程，优化了各部门之间的协作。

预算管理的协同优化是提升组织决策效率和资源配置精度的关键，基于云平台的协同管理、跨部门的数据共享与集成、智能化协作工具的应用，以及预算修订与调整的自动化流程，都是现代预算管理中不可或缺的技术手段。通过这些措施，组织能够实现更高效的协作和预算管理，提升资源利用率，降低成本，并在动态的商业环境中保持灵活应对的能力。未来，随着技术的不断进步，预算管理的协同优化将更加智能化和自动化，推动组织管理效率的进一步提升。

三、预算执行的实时反馈机制

在当今复杂多变的经济环境中，预算的精准执行对组织的财务健康至关重要。为了确保预算执行的有效性，许多企业和政府机构都在不断改进其预算管理体系，尤其是实时反馈机制。通过实时预算监控与执行数据收集、差异识别与预警、数据可视化应用，以及自动化反馈与调整策略，组织能够在预算执行过程中迅速发现问题并做出及时调整，从而提高资源利用效率，降低财务风险，以下将对这些实时反馈机制的各个方面进行详细探讨。

（一）实时预算监控与执行数据收集

实时预算监控是现代财务管理的重要手段，通过收集、处理和分析实时数据，使预算执行情况可以随时掌握。[①] 通过技术手段，预算执行的各项数据能即时反馈给相关人员，为决策提供及时的依据。一家大型制造公司采用了基于云计算的预算管理系统，能够实时追踪各部门的资金使用情况。财务团队通过系统可以实时查看各个部门的支出与预算的差异，确保在预算执行过程中不会出现重大偏差。通过实时监控，管理层能够快速识别哪些项目超支、哪些项目节约，从而做出及时调整。

（二）预算执行差异的实时识别与预警

实时预算执行差异的识别与预警机制能够帮助组织在预算执行过程中发现潜在的财务风险，这一机制通常通过对比实际支出与预算金额的差异，自动生成

---

① 石金巧．人工智能时代财务会计向管理会计的转型 [J]．质量与市场，2023，(9)：154-156.

预警信号，以便相关人员迅速采取补救措施。地方政府在实施一项公共基础设施项目时，通过建立差异分析模型，对每一笔支出进行实时监控。当一项支出超过预定预算的10%时，系统自动触发预警并向项目负责人和财务部门发出警报。通过这一机制，项目团队能够立即审查相关支出，发现一些采购成本异常，并及时调整采购策略，避免了预算的严重超支。该项目最终完成时，实际支出比初期预算节省了8%，提高了资金使用效率。

（三）数据可视化在实时反馈中的应用

数据可视化技术使得预算执行的实时反馈更加直观，帮助决策者快速理解复杂的财务数据。通过图表、仪表盘等可视化工具，财务管理人员可以在第一时间内发现预算执行中的问题。一家零售企业通过数据可视化平台展示各门店的预算执行情况。每个门店的销售、成本、利润等数据以图表形式呈现，实时更新。财务团队通过分析这些可视化数据，发现一些门店的成本增长超过了预期。通过进一步的调查，发现是因为部分门店库存管理不当，导致了不必要的损耗。基于这一实时反馈，企业采取了优化库存管理的措施，最终将库存损耗率降低了12%，有效控制了成本。

（四）预算执行中的自动化反馈与调整策略

自动化反馈与调整策略通过技术手段，能够根据预算执行过程中产生的数据自动调整预算分配或执行方案。这一机制有效减少了人为干预，提高了预算管理的灵活性和实时性。一家科技公司在预算执行过程中引入了自动化调整系统，系统根据实际销售和支出数据，自动调整市场营销预算的分配。当系统检测到一个营销活动的实际效果远超预期时，自动将更多预算分配给该活动，而当一些项目未达到预期效果时，系统会自动减少预算投入。自动化反馈不仅减少了预算调整的时间，也提高了资金的使用效率。

实时预算反馈机制的实施，极大提升了组织预算执行的效率和准确性。通过实时预算监控与执行数据收集、预算差异识别与预警、数据可视化应用，以及自动化反馈与调整策略，组织能够及时发现问题并进行调整，避免了预算执行过程中出现的偏差和风险。随着技术的发展，这些机制将进一步优化，成为组织财务管理中不可或缺的重要工具。

四、预算分析与调整的自动化

在现代企业管理中，预算管理和控制扮演着至关重要的角色。随着信息技术的不断进步，传统的手动预算分析与调整方式已无法满足快速变化的市场需求。为了提升预算管理的效率与精确度，自动化技术尤其是人工智能和机器学习逐渐成为企业预算管理中不可或缺的一部分。下面将探讨如何通过自动化手段进行预算分析、执行情况评估、预算差异分析、预算调整优化，以及如何将这些技术应用于实际的决策过程中，以帮助企业实现更高效、精准的预算管理。

（一）自动化数据分析与预算执行情况评估

自动化数据分析通过集成不同来源的数据并对其进行智能化处理，能够大幅度提高预算执行的透明度和效率。在传统模式下，财务部门通常需要手动收集、整理并分析大量预算数据，这不仅耗时也容易出现人为错误。而借助自动化工具，企业可以实时获取各类财务数据，进行深度分析，并快速识别预算执行过程中出现的问题。一家大型制造企业通过部署自动化数据分析系统，将销售数据、生产成本、采购费用等信息汇总到统一的平台，通过自动化算法实时对比预算与实际支出情况。如果实际生产成本超出预算，自动化系统会立刻标记并提供分析报告，帮助管理人员深入分析原因并及时调整策略。自动化数据分析与预算执行情况评估具体内容如表 3-1 所示。

表 3-1　自动化数据分析与预算执行情况评估具体内容

关键环节	具体内容	预期效果与优势
数据集成与自动化分析	集成销售数据、生产成本、采购费用等多来源数据，通过自动化算法进行实时分析与对比预算执行情况	提高预算执行的透明度和效率，减少人工错误，确保财务数据实时准确
预算执行对比分析	实时对比预算与实际支出情况，标记预算偏差，并生成分析报告，快速识别问题	快速发现预算偏差，帮助管理层及时识别潜在风险并采取措施
预算偏差与风险识别	自动标记预算偏差和潜在风险点，如生产成本超出预算等情况	及时发现和标记超预算问题，确保预算执行过程的及时调整与优化

关键环节	具体内容	预期效果与优势
调整策略与决策支持	自动化系统提供原因分析报告，帮助管理人员分析预算执行问题并调整策略	提供决策支持，确保预算调整和策略应对更迅速和精准，提升财务管理水平

（二）基于人工智能的预算差异分析与原因识别

人工智能在预算差异分析中能够自动检测并识别预算与实际执行结果之间的差异，进而推断出其背后的原因。人工智能能够通过大量的历史数据学习并建立模型，预测和识别预算偏差的潜在原因，从而提供更精确的差异分析。一家零售企业在实施预算差异分析时，利用人工智能模型对比历史财务数据、销售数据和市场动态，自动识别出预算与实际销售额之间的差异。人工智能分析系统不仅能找出差异，还能进一步通过模式识别技术分析出差异的原因，如季节性需求变化、促销活动效果不如预期等，从而为财务部门提供更有针对性的调整建议。通过人工智能的辅助，预算差异的原因识别变得更加精确，企业能够在预算周期内快速调整策略，减少不必要的浪费，并获得最大化利润。

（三）机器学习算法在预算调整中的优化应用

机器学习算法在预算调整中的应用可以帮助企业根据历史数据自动优化预算调整过程，传统预算调整往往基于经验和直觉进行，容易受到人为因素影响，且缺乏动态性。而通过机器学习算法，企业可以在实时环境下对预算进行灵活调整，使预算更符合实际运营状况。一家全球连锁酒店利用机器学习算法分析每季度的收入和支出数据，通过自适应学习过程调整未来的预算分配。机器学习模型能够识别不同时间节点和市场条件对业绩的影响，自动调整人员成本、营销费用和设备维护预算，从而实现更加科学的资源分配和成本控制。机器学习不仅可以根据历史数据进行优化预测，还可以不断从新数据中学习，逐步提高预算调整的准确性和适应性。这一过程使得预算管理不再依赖静态、人工的调整方式，而是变成一个更加灵活、智能的动态调整过程。

（四）预算调整决策的自动化建议与执行流程

预算调整决策的自动化建议与执行流程是利用现代技术进行预算管理的核心环节，通过综合使用大数据分析、人工智能和自动化决策系统，企业可以在发生预算偏差时，自动生成调整建议，并迅速执行这些建议，以保持预算的有效性和执行力。一家跨国科技公司通过部署自动化决策系统，在预算执行过程中当预算出现偏差时，系统会自动分析偏差的性质并生成一套预算调整建议，如调整一些部门的支出，或是重新分配项目资金。接着系统不仅能向相关部门发送自动化建议，还能直接在系统中执行调整措施并实时反馈调整结果。自动化的预算调整流程能够极大提高决策效率，减少人为决策的偏差和延迟，确保企业在变化的市场环境中能够及时响应并进行合理的资源分配。

随着人工智能和机器学习技术的不断进步，预算分析与调整的自动化正逐渐成为提升企业预算管理效率的重要工具。自动化数据分析可以实时监控预算执行情况，人工智能能够深度分析预算差异的原因，机器学习则优化了预算调整过程，自动化决策系统帮助企业在预算执行中做出及时且精准的调整。通过这些技术的集成应用，企业能够更有效地控制财务风险，提升决策效率，从而在复杂的市场环境中保持竞争力。

第二节　决策支持中的智能应用

一、财务数据分析模型优化

在现代企业和组织的财务管理中，数据分析起到了至关重要的作用。随着信息技术的迅猛发展，尤其是大数据与人工智能的广泛应用，传统的财务数据分析已经逐渐转向更加智能化、自动化。决策支持系统通过集成财务数据分析模型，帮助管理者在复杂的商业环境中做出更加精准的决策。下面将围绕财务数据分析模型的优化展开，探讨机器学习在其中的应用，以及如何利用优化算法和实时更新机制提升财务分析模型的准确性和自适应能力。

（一）财务数据分析模型的基本构成与原理

财务数据分析模型通常由数据采集、数据处理、模型建立和结果分析四个主要环节组成。[①] 数据采集环节涉及从企业的财务系统、银行账单、税务记录等多个

---

① 区永亮. 人工智能背景下财务会计向管理会计的转型 [J]. 纳税，2021, 15(35): 74-76.

来源收集相关数据，数据包括收入、支出、资产负债等多项财务指标。数据处理环节对收集到的原始数据进行清洗和预处理，以消除异常值、填补缺失数据，并进行标准化或归一化处理。财务数据分析模型的核心原理是基于历史数据的规律性，预测未来的财务状况和趋势。最常见的模型包括回归分析、时间序列分析，以及更加复杂的机器学习算法。回归分析用于揭示财务指标之间的线性关系，时间序列分析则用于预测未来的财务数据，特别是在股市和产品销售预测中具有重要应用。一家企业通过使用时间序列模型，成功预测了未来一年内销售额的季节性波动，从而调整生产计划和销售策略。

（二）机器学习在财务数据分析模型中的应用

机器学习技术已经成为财务数据分析中的重要工具，通过算法的自我学习和训练，机器学习能够从大量历史财务数据中发现复杂的模式和规律，从而提升财务分析的精度和决策支持能力。常用的机器学习方法包括监督学习、无监督学习和强化学习等。以监督学习中的决策树为例，一家大型零售企业通过构建决策树模型，分析各类促销活动对销售额的影响。通过对过往销售数据的训练，决策树模型能够帮助公司预测不同促销策略的效果，进而制订更加合理的营销计划。深度学习算法，如神经网络，也被广泛应用于财务风险预测、信用评分等领域。金融机构通过神经网络模型，能够准确评估客户的违约风险，从而提高贷款审批的效率和风险控制能力。

（三）优化财务预测与分析模型的算法选择

在财务数据分析中，优化算法选择对于模型的准确性和可操作性至关重要。常见的优化方法包括粒子群优化、遗传算法和模拟退火等，这些方法能够帮助在多个算法中选择出最适合财务预测任务的模型。在股市预测中，粒子群优化算法常用于选择最优的预测模型。一家金融机构通过粒子群优化时间序列模型，成功提高了股票价格预测的准确性。在实际应用中，粒子群优化通过调整模型中的超参数，能够提高预测结果的稳定性和精确度。遗传算法在财务风险评估中也有广泛应用，能够通过模拟进化过程来选择最优的风险评估模型，提高风险控制的精确性。

（四）财务数据模型的实时更新与自适应调整

随着市场环境的不断变化，财务数据分析模型的实时更新与自适应调整显得尤为重要。传统的财务模型往往依赖于静态数据和预设规则，无法及时应对突发的市场变化和财务状况的波动。因此财务数据模型需要具备自适应能力，能够根据实时数据进行调整和优化。一家跨国零售企业财务预测模型利用实时数据流进行动态调整。在日常运营中，系统通过不断地接入销售、库存、供应链等实时数据，调整财务预测模型中的参数。当出现异常销售波动时，模型能够自动调整预测策略，提醒管理层及时调整库存和采购计划。企业还利用机器学习算法对财务数据进行动态监测，确保预测结果的实时更新和精确度。在新冠肺炎疫情暴发期间，许多公司通过实时数据更新，及时调整财务模型，优化供应链和现金流管理。

财务数据分析模型的优化是提升决策支持系统精准度与效率的重要途径，从基本的构成与原理，到机器学习技术的应用，再到算法选择与实时更新的调整，每一个环节都对于财务分析的质量和企业决策具有直接影响。通过不断优化这些模型，企业能够更好地应对不断变化的市场环境，降低风险，提高赢利能力。未来，随着技术的不断发展，财务数据分析模型将更加智能化、自动化，为企业的可持续发展提供强有力的支持。

二、人工智能辅助决策场景

随着人工智能技术的不断发展与成熟，它在各个领域的应用越发广泛，尤其是在决策支持系统中表现得尤为突出。传统的决策过程往往依赖于人工经验和历史数据，而人工智能则能够通过大数据分析、机器学习等技术，提供更加精准、实时的决策支持。特别是在战略决策、财务决策等重要领域，人工智能的辅助作用越发显著。下面将探讨人工智能如何辅助决策，具体分析其在战略决策中的辅助作用、决策支持系统的设计与实现、财务决策过程的自动化与优化，以及人工智能在企业财务决策中的应用实践。

（一）人工智能在战略决策中的辅助作用

人工智能在战略决策中的辅助作用体现在多个方面，人工智能通过大数据分析可以帮助决策者更好地理解市场趋势和消费者行为，从而制定出符合实际情况的战略。人工智能能够通过分析大量消费者的购买数据、社交媒体的反馈等信息，提供针对市场需求变化的预测。人工智能能够通过模型仿真和优化算法，辅助决策者进行风险评估与资源配置，从而在复杂的竞争环境中做出更有效的战略选择。美国零售巨头沃尔玛便通过人工智能进行战略决策优化，沃尔玛运用了人工智能来分析大量的顾客数据，预测未来的商品需求，并根据预测调整库存管理和供应链布局。这一策略不仅有效提升了库存周转率，还减少了因库存过剩或短缺造成的损失，极大地提高了公司的运营效率。通过这些手段，人工智能能够将复杂的决策任务细化并提供数据支持，辅助高层管理者在不确定性较大的市场环境中作出更加理性和科学的战略决策。

（二）智能化决策支持系统的设计与实现

智能化决策支持系统是将人工智能技术与传统决策支持系统相结合的一种新型系统，它通过集成多种人工智能技术，如数据挖掘、机器学习、自然语言处理等，为决策者提供全面、准确的决策依据。设计一个智能化决策支持系统，需要明确其目标：提供实时数据分析、可视化展示、趋势预测等功能。需要构建适应不同决策场景的算法模型，并确保系统具备高效的数据处理能力与灵活的决策支持功能。美国的亚马逊公司便拥有一套先进的智能化决策支持系统，用于优化其供应链管理。通过数据采集、传感器和机器学习算法，系统能够实时监控库存水平、预测销售趋势，以及自动调整采购策略。这个系统大大提高了亚马逊的运营效率，使其能够在瞬息万变的电商市场中保持竞争优势。智能化决策支持系统不仅提高了决策的精确性，也大大缩短了决策时间，从而增强了组织在复杂和动态环境下的应对能力。

（三）基于人工智能的财务决策过程自动化与优化

在财务管理领域，人工智能的应用正在加速财务决策过程的自动化与优化。人工智能可以通过自动化财务数据处理、实时财务分析以及智能化报告生成，帮助企业更快速、更准确地做出财务决策。人工智能还能够在风险管理、资金调度、成本控制等方面提供智能预测和优化建议，从而提高财务决策的准确性和效率。英国的金融科技公司 Onfido 就通过人工智能进行财务数据的自动化分析与风险评估。Onfido 的人工智能系统能够根据历史财务数据和市场趋势进行预测，帮助企业评估信贷风险和投资回报。这一技术使得传统的财务决策过程变得更加高效，同时降低了人工干预的误差。通过将人工智能融入财务决策流程，企业不仅能提升决策速度，还能在面对复杂的财务情境时做出更加精准和合理的决策。

（四）人工智能在企业财务决策中的应用实践

人工智能在企业财务决策中的应用日益广泛，特别是在资金管理、财务规划和税务筹划等方面。人工智能能够帮助企业实时监控资金流动、优化现金流管理，并通过机器学习分析历史财务数据，为未来的财务规划提供支持。人工智能还能够在税务筹划方面发挥作用，通过对税收政策的分析和模拟，帮助企业合理避税并优化税务结构。全球知名企业麦肯锡就采用了基于人工智能的财务分析工具，通过实时监控财务数据，帮助客户企业优化资金分配和预算管理。利用人工智能，麦肯锡能够为客户提供精准的资金预测与风险评估，确保企业能够在不断变化的市场环境中稳健运营。人工智能在企业财务决策中的实际应用，不仅能够帮助企业提高财务透明度，减少人为错误，还能够为企业带来更高的财务管理效率和精确的战略决策依据。

人工智能在各类决策场景中的应用，尤其是在战略决策、决策支持系统、财务决策自动化等方面，已成为现代企业管理的重要工具。通过人工智能技术，决策者可以更加精准地预测市场变化、优化资源配置并做出更加科学和高效的决策。随着技术的不断进步，人工智能将在未来的决策领域中发挥越来越关键的作用，帮助企业在激烈的竞争中脱颖而出。

三、多维数据分析的可视化技术

在当今数据驱动的决策环境中，数据的分析和可视化成为了支持决策过程的关键工具。尤其是在多维数据分析中，如何从海量数据中提取出有价值的信息，并通过可视化技术加以展示，是提升决策效率和准确性的关键，下面将探讨多维数据分析的概念与技术框架、数据可视化技术在决策中的作用与应用、交互式可视化技术在决策中的创新应用以及数据可视化与决策效果的实时反馈机制。

（一）多维数据分析的概念与技术框架

多维数据分析指的是从多个维度对数据进行分析，以发现潜在的规律、趋势或关联，通常应用于大数据环境下，通过构建多维数据模型可以帮助决策者从不同的角度审视数据。[①]技术框架上多维数据分析通常依赖于数据仓库和数据挖掘技术，使用诸如"切片"和"切块"方法进行数据的钻取和分析。以零售行业为例，通过对销售数据的多维分析，从时间、地域、产品等多个维度来分析销售趋势，从而为企业的营销策略提供科学依据。沃尔玛在新冠疫情初期利用多维度数据分析监控各地销售情况，及时调整供应链和库存策略，从而有效应对市场波动。通过分析"产品类别—地区—时间"的多维度数据，沃尔玛能够快速调整其物流和产品布局，有效提升了经营效率。

（二）数据可视化工具在决策中的作用与应用

数据可视化工具通过将复杂的数据转化为图形和图表，使决策者能够更直观地理解数据的趋势和规律，从而提高决策效率。在决策过程中，数据可视化不仅是呈现数据，更重要的是通过图形的形式帮助人们发现数据中的潜在问题或机遇。Power BI、Tableau 等工具在企业管理中被广泛应用，帮助决策者通过实时的数据仪表盘，迅速捕捉到关键业务指标的变化。一家全球知名的电商公司，利用数据可视化工具对各类用户行为进行实时监控，当发现一类产品的退货率异常升高时，决策团队能够快速发现问题，并立即采取优化措施，有效提升了用户满意度和产品质量。通过这些工具，决策者能够在短时间内完成数据分析并作出反应，避免了传统数据分析中烦琐的计算过程，为快速决策提供了有力支持。

（三）交互式可视化技术在决策支持中的创新应用

交互式可视化技术通过允许用户与数据可视化图表进行互动，不仅提升了数据展示的灵活性，也使决策者能够根据需要进行定制化分析，深入探索数据背后的价值。用户可以根据个人需求选择不同的分析维度、过滤条件，以及展示形式，从而发现更细致的洞察。一家金融公司在其风险管理系统中使用交互式可视化技术，使得管理人员可以通过拖拽操作调整不同的风险参数，并实时查看这些调整对投资组合的影响。这一技术创新大大提升了决策支持的灵活性与准确性，特别是在复杂的决策情境中，交互式可视化技术能帮助决策者从多个维度进行多轮分

---

① 南京大学智能财务研究课题组. 智能财务教程 [M]. 南京：南京大学出版社，2019.

析，避免了传统静态可视化工具的局限性。

（四）数据可视化与决策效果的实时反馈机制

实时反馈机制指的是通过数据可视化技术，在决策实施后实时监控决策效果，并根据反馈信息及时调整决策内容。这一机制的关键在于能够将决策结果与实时数据紧密联系，通过动态监控和反馈，确保决策执行的灵活性和精确性。一家航空公司在调度系统中通过实时反馈机制和可视化仪表盘来跟踪航班准点率、延误原因等信息，当系统显示一条航线的延误率过高时，决策者可以实时调整航班安排，优化航班时刻表或调度资源，减少因延误而造成的客户流失和成本增加。这一机制不仅提高了决策的应变能力，也为决策的长期效果提供了监控和优化空间，使得企业能够在快速变化的环境中做出及时、有效的决策。

随着数据量的急剧增加和决策复杂性的提高，传统的决策方式逐渐显现出局限性。多维度数据分析和数据可视化技术的结合，为现代决策提供了更加精准和灵活的支持。通过实时的反馈机制和交互式可视化技术，决策者可以更好地理解数据背后的深层次信息，快速应对市场变化，提升决策效果。未来随着科学技术的不断发展，这些工具将会在决策支持系统中发挥越来越重要的作用，推动决策方式的智能化、数据化和实时化。

四、风险预警与决策改进

随着社会经济的快速发展和复杂性增加，风险管理和决策优化成为了企业和组织面临的关键问题。尤其在不确定性和复杂性日益增强的环境中，传统的风险管理手段已经难以满足当今需求。智能化技术的引入，为风险识别、评估、预测与决策支持提供了新的解决方案。下面将探讨智能化风险识别与预警模型的构建、大数据分析在风险评估中的应用、智能化决策支持系统中的风险预测与干预，以及基于风险预警的决策优化与改进策略，旨在为风险管理提供更高效、精准和动态的解决方案。

（一）智能化风险识别与预警模型的构建

智能化风险识别与预警模型通过引入人工智能、机器学习及大数据分析技术，能够高效、自动化地识别潜在风险，并提供及时的预警。这些模型不仅能处理海量的历史数据，还能实时监控外部环境的变化，提前预测风险。常见的智能化风险识别技术包括自然语言处理、深度学习和聚类分析等。国内一家大型银行通过构建智能化的信贷风险识别系统,采用机器学习算法对客户的信用评分进行实时动态评估。该系统综合了用户的消费行为、还款历史、社交媒体数据等多维度信息,通过分析发现潜在的违约风险,并提前向客户发出预警,帮助银行做出及时的信用调整或贷后管理决策。通过这一智能模型,该银行大大降低了信贷风险,并实现了客户风险的精准管理。通过智能化风险识别与预警模型,企业和组织能够在动态变化的环境中更为精准地识别并应对潜在风险,从而提高管理效率和响应速度。

（二）大数据分析在风险评估中的应用

大数据分析技术的引入,使得风险评估能够基于海量数据和深度分析进行更精准的预测和判断。通过对各类结构化和非结构化数据的整合和分析,企业可以全面了解风险的各个方面,识别出潜在的风险点,进而制定有效的应对策略。大数据技术在风险评估中主要体现在数据收集、清洗、建模和预测等环节。在气候变化带来的自然灾害预测领域,国际气象机构利用卫星数据、气象数据及历史灾难数据,通过大数据分析模型评估全球范围内的自然灾害风险。通过对风暴、洪水、地震等因素的大数据分析,预测一些区域的灾害发生概率,为政府和灾害应急组织提供科学依据,帮助他们在灾害发生之前做好准备。该机构通过大数据分析模型的运用,显著提高了灾害预测的准确性和及时性,减少了灾害造成的损失。大数据分析不仅能帮助企业全面、科学地评估风险,还能提高决策的前瞻性和准确性,为风险管理提供强有力的数据支持。

（三）智能化决策支持系统中的风险预测与干预

智能化决策支持系统利用先进的人工智能、机器学习和数据分析技术,帮助决策者在面对复杂和动态环境时做出科学、合理的决策。在风险管理过程中,智能化决策支持系统不仅能够实时预测风险,还能够提供干预建议和决策支持,帮助企业在不确定环境下做出最优决策。一家全球知名汽车制造商引入了智能化决策支持系统,通过结合生产过程中的数据和供应链管理信息,实时监控供应链中的风险因素(如原材料供应延迟、运输风险等)。当系统检测到潜在风险时,会自动进行预测,并向相关决策者发出警报,甚至给出调整生产计划的建议。系统检测到一个关键供应商无法按时交货时，会自动调整生产排程，或者推荐替代供应商。通过这一智能化决策支持系统，该企业能够在复杂的供应链管理中有效应对潜在风险，保持生产的连续性和稳定性。智能化决策支持系统能够结合大量信息进行实时分析，预测潜在风险，并提供决策建议，帮助决策者更快、更准确地作出反应，从而提高整体风险管理水平。

（四）基于风险预警的决策优化与改进策略

基于风险预警的决策优化与改进策略，旨在利用风险预警系统提供的即时信息和分析结果，帮助决策者在面对风险时迅速采取最优的应对措施。这些策略通常基于模拟、优化算法和风险评估模型，帮助企业在各类风险情境下，优化资源配置、调整战略方向，最大限度地降低风险带来的负面影响。一家跨国电商公司通过引入风险预警系统，对市场、供应链、客户需求等多个方面的风险进行实时监控。当系统检测到一个地区的政治风险上升，导致物流中断时，系统会自动生成多个应对策略，并为决策者提供最佳的解决方案。建议通过其他渠道绕过该地区，或者调整库存储备量以应对供应链中断。通过这一决策优化策略，公司成功规避了潜在的市场风险，确保了全球电商运营的稳定性。基于风险预警的决策优化策略能够实时响应风险变化，调整决策方向，提高决策的灵活性和科学性，有效减轻风险对企业的负面影响。

智能化风险管理技术的引入，使得企业和组织能够在动态变化的环境中更加精准、高效地进行风险识别、评估和管理。通过智能化的风险识别与预警模型、大数据分析、智能化决策支持系统和基于风险预警的决策优化策略，企业不仅能够预测和识别潜在风险，还能够及时采取应对措施，优化决策，最终实现风险的有效管控。随着科学技术的不断发展，智能化风险管理将在各行业中扮演越来越重要的角色，帮助企业应对复杂多变的外部环境，提升其整体竞争力和抗风险能力。

第三节　绩效管理的智能升级

一、智能化绩效考核设计

随着科技的进步，尤其是人工智能、大数据等技术的迅猛发展，传统的绩效考核方法正面临着前所未有的变革。智能化绩效管理作为一种创新的管理模式，正逐步取代传统的评价体系，成为现代企业提升管理效能和员工绩效的重要手段。智能化绩效考核不仅能够提高考核的精准性，还能够更好地激发员工潜力，优化资源配置，实现组织目标与员工发展的双赢。下面将详细探讨智能化绩效考核的设计和实施过程，涵盖考核模型的基本构成、大数据分析、人工智能的应用，以及个性化方案的设计与实施等方面。

（一）智能化绩效考核模型的基本构成

智能化绩效考核模型是基于先进的技术手段构建的，通常包括数据采集、数据分析、指标体系、反馈机制等多个关键构成部分。数据采集阶段通过自动化系统收集员工的工作数据，包括工作时间、工作量、客户反馈、团队协作等多维度的信息。数据分析利用大数据技术对这些信息进行分析与处理，识别出与工作表现相关的关键因素，从而建立更加客观和精确的考核标准。绩效指标体系的设计依据业务目标和员工能力要求，结合数据分析结果，制定出符合组织需求的多维度考核指标。反馈机制通过实时监控和周期性评估，确保绩效管理体系的动态调整与优化。一家知名互联网公司通过部署智能化绩效考核模型，利用员工的工作数据与行为数据进行关联分析，提出更为合理的绩效评估标准。员工的工作时间、代码提交频次以及团队合作情况等因素都会被纳入考核体系中，绩效考核不仅关注结果，还注重过程中的协作与创新。

（二）基于大数据的绩效指标选择与优化

在智能化绩效管理中，大数据技术为指标选择与优化提供了有力支持。通过收集大量历史数据，企业能够发现哪些行为和成果对员工的绩效有显著影响，从而选择出最具代表性和高相关性的绩效指标。大数据分析不仅能够从全局出发进行绩效评估，还能够根据部门、岗位，甚至个体差异进行个性化调整，使绩效考核更加精准。一家零售行业企业通过大数据分析发现，销售员的客户回购率、每月销售额、客户满意度与业绩直接相关，因而将这三项指标作为关键绩效指标，并结合历史数据对不同岗位的权重进行优化，从而使得考核更加科学、公正。基于大数据的实时监控还可以根据市场环境和销售趋势的变化，动态调整绩效指标，确保绩效管理的及时性和有效性。

（三）人工智能在考核标准制定中的应用

人工智能为绩效考核标准的制定带来了新的可能性，通过机器学习和自然语言处理等技术，人工智能能够自动分析员工的工作内容、工作质量，以及工作态度，从而为考核标准的制定提供数据支持和决策依据。人工智能不仅能消除人为偏差，还能结合企业的战略目标，为不同岗位量身定制的绩效考核标准。一家大型制造企业通过人工智能系统分析员工在生产线上的工作效率，结合生产数据与质量控制数据，自动生成适合不同岗位的考核标准。通过人工智能分析，生产线工人的绩效不再单纯依赖于产量，还会综合考虑产品质量、故障率等因素。

（四）个性化绩效考核方案的设计与实施

个性化绩效考核方案的核心在于根据员工的个体差异、岗位要求和工作环境，量身定制适合每个员工的考核标准。智能化技术通过对员工行为和绩效的实时跟踪，能够精准识别员工的强项与弱点，从而实现个性化的目标设定与绩效评估。与传统的一刀切式考核不同，智能化考核方案强调灵活性和人性化，能够在多样化的工作环境中，最大限度地调动员工的积极性。一家高科技公司实施了一种基于人工智能的个性化绩效考核系统，该系统能够根据员工的岗位性质、工作内容、发展潜力等因素，定制个性化的考核目标。对于研发人员，绩效考核会侧重创新性、代码质量和研发周期等指标；对于销售人员，则更注重销售额、客户拓展和客户满意度等因素。

智能化绩效考核通过利用大数据和人工智能等技术手段，为企业提供了更加科学、精准、灵活的绩效管理解决方案。它不仅能优化绩效考核的设计与实施，提高考核的公正性与透明度，还能根据员工的个性化需求，制定出更加人性化的考核方案，从而有效激发员工的潜力，推动企业的长远发展。未来，随着技术的不断进步，智能化绩效考核将成为企业绩效管理的重要发展趋势，推动企业在日益激烈的市场竞争中实现持续创新与发展。

二、动态绩效数据采集与分析

随着企业和组织对绩效管理的重视，传统的绩效评估方式逐渐暴露出效率低、反应迟缓等问题。为了提高绩效管理的实时性与准确性，动态绩效数据采集与分析技术应运而生。通过实时收集和处理员工绩效数据，结合大数据与机器学习技术,能够大幅提升绩效管理的效率和决策的科学性,以下将从动态数据采集技术的实现与应用、实时监控、大数据分析,以及机器学习在绩效数据分析中的应用等方面详细探讨这一领域的技术发展与实际应用。

（一）动态数据采集技术的实现与应用

动态绩效数据采集技术的核心在于通过多种数据源实时、连续地获取员工的工作表现,这一过程不仅限于传统的工作完成度,还包括与工作相关的各种行为数据,如任务完成时长、工作质量、团队协作、客户反馈等。现代企业往往结合物联网设备、企业内部系统以及员工自我报告等手段来采集数据,一家大型互联网公司通过开发员工行为追踪系统,对员工的工作进度、项目状态、互动频率等进行实时监控。该系统自动记录员工在项目管理工具中的更新频率、与同事的沟通次数,以及外部客户反馈等信息,从而形成一套动态的绩效数据采集机制。

（二）实时绩效数据监控与自动更新机制

实时绩效数据监控技术的应用使得企业可以随时掌握员工的绩效表现,及时进行反馈和调整。自动更新机制则通过对收集到的数据进行快速处理和实时更新,使得绩效评估结果始终反映当前的工作状态。一家金融机构利用集成化的员工绩效管理系统,将员工的工作任务和目标进度与实时数据同步。系统能够自动跟踪每个员工的每日任务进度和完成质量,基于这些信息进行动态调整。如果员工未能按时完成任务,系统会自动发送提醒并调整工作安排,这一过程完全自动化,避免了人工干预的延迟,使得绩效评估更加及时和精确。

（三）大数据分析技术在绩效数据处理中的作用

大数据分析技术在绩效数据处理中的作用主要体现在数据的处理、分析和决策支持上,大数据不仅能帮助企业处理海量的绩效数据,还能通过数据挖掘找出影响员工绩效的潜在因素,进行更为精确的预测和优化。一家跨国零售公司使用大数据技术分析全球门店员工的绩效数据,通过对销售数据、客户满意度、员工出勤率等多个维度的分析,系统能够自动识别出与业绩高度相关的因素,如员工与客户互动频率、产品库存管理的效率等。这些信息可以为门店经理提供个性化的绩效提升建议,有效提升整个团队的业绩。

（四）基于机器学习的绩效数据分析与趋势预测

机器学习技术通过对历史绩效数据的训练，能够挖掘出员工绩效的潜在规律和发展趋势，从而为未来的绩效评估提供科学依据。机器学习不仅可以帮助预测员工绩效的趋势，还可以通过模型预测一个行为或决策对绩效的影响，从而辅助管理者做出更具前瞻性的决策。一家科技公司通过应用机器学习算法分析员工的工作表现，发现通过频繁的技能培训能够显著提高员工的工作效率。通过训练数据模型，系统能够预测哪些员工在未来会因为缺乏培训而表现不佳，从而对其提前采取针对性的提升措施。这不仅提升了公司绩效管理的精准度，也为员工个人职业发展提供了数据支持。

动态绩效数据采集与分析技术的实现，已经为现代企业提供了更加高效、精准的绩效管理方式。实时数据监控与自动更新机制使得绩效评估更加及时和动态，而大数据分析和机器学习则进一步提升了绩效管理的科学性与前瞻性。随着技术的不断发展，企业将在动态绩效管理中获得更加深刻的洞察，推动员工与组织的共同成长。

三、员工行为预测与绩效激励

随着现代企业对员工绩效和行为管理的重视，如何通过科学的方法预测员工行为并有效激励其工作热情，已成为提升企业整体效能的关键。员工行为预测与绩效激励是管理学、心理学与人工智能技术结合的产物。精准的员工行为预测模型不仅能帮助企业及时识别员工潜在的工作态度或情感变化，还能为制定个性化的绩效激励方案提供数据支持，下面将围绕员工行为预测模型的构建与应用、人工智能在其中的角色，以及基于员工行为数据的绩效激励方案设计与动态调整策略展开探讨。

（一）员工行为预测模型的构建与应用

员工行为预测模型的构建需要依赖大量历史数据，结合心理学、行为学等多学科的知识，通过数据挖掘和统计分析技术识别员工的潜在行为趋势。常见的行为预测模型包括回归分析模型、决策树模型、神经网络模型等。这些模型通过对员工过往的工作绩效、考勤、情绪状态、社交互动等数据进行分析，能够预测员工未来行为，如离职倾向、工作动力、团队合作情况等。一家科技公司采用了基于员工历史表现和行为数据的机器学习模型，发现了团队内有高潜力的员工在面对高强度工作时，容易产生情绪波动并表现为工作效率的降低。通过该模型，管理者提前采取了个性化的激励措施，包括适当的任务调整与情感支持，有效避免了该员工的职业倦怠现象。

（二）人工智能在员工行为预测中的角色

人工智能在员工行为预测中扮演着至关重要的角色，通过深度学习、自然语言处理等技术，人工智能能够从海量的数据中提取有价值的信息，帮助企业实时监测员工行为的变化。情绪分析系统可以通过分析员工的邮件和日常沟通内容，识别其情绪波动情况，从而为管理者提供反馈。人工智能还可以通过数据挖掘技术，发现员工行为模式中的潜在规律，帮助企业进行风险预警。一家互联网公司利用人工智能分析员工的工作日志和项目反馈，提前识别出有离职风险的员工。系统通过分析这些员工的行为模式发现，他们在工作中频繁表达对职业发展的不满。管理者据此为这些员工提供了职业发展的指导和支持，从而成功减少了人才流失。

（三）基于员工行为数据的绩效激励方案设计

基于员工行为数据的绩效激励方案设计，需要综合考虑员工的个性化差异、工作类型和行为特点。传统的绩效激励方法以结果为导向，通常关注员工的产出；而基于行为数据的激励方案更加注重过程和员工的成长潜力。管理者可以根据员工的工作态度、协作精神、创新能力等多维度数据，设计个性化的激励方案，如定期的反馈机制、定制的奖励体系等。一家跨国零售公司通过分析员工的销售数据、客户反馈，以及团队合作情况，设计了分层次的绩效激励方案。在这一方案中，销售业绩优秀的员工获得奖金奖励；而表现出色的团队合作与创新能力的员工则获得更多的职业发展机会和培训。此举显著提高了员工的工作动力与整体绩效。

（四）绩效激励的个性化与动态调整策略

绩效激励的个性化与动态调整策略是提升员工积极性和绩效的重要手段，由于每个员工的性格、工作习惯和职业发展需求不同，固定的激励方案往往难以激发出最佳效果。因此企业需要根据员工的不同需求和行为变化，设计灵活可调整的激励机制。这一策略不仅需要关注短期激励，还需要注重员工的长期成长与发展。一家大型咨询公司根据员工的表现和工作反馈，定期调整激励策略。对工作表现稳定的员工，提供长期的晋升和职业发展的机会；而对于短期内有显著提升的员工，给予即时奖励，如奖金和表彰。公司还设置了反馈机制，使得员工能够随时提出自己的需求和建议，进一步优化激励方案。这一动态调整策略大大提升了员工的归属感和积极性。

在现代企业管理中，员工行为预测与绩效激励是实现高效团队和提升组织绩效的关键。通过构建精准的员工行为预测模型，企业可以提前识别潜在问题并采取措施。而人工智能技术的应用，则为行为预测提供了更高效、更智能的解决方案。结合员工行为数据设计的个性化绩效激励方案，以及灵活的动态调整机制，不仅能提升员工的工作热情，也能为企业创造更大的价值。未来，随着技术的不断进步，员工行为预测与绩效激励将在企业管理中发挥更加重要的作用。

四、企业整体绩效的智能诊断

在当今竞争激烈、变化迅速的商业环境中，企业要想保持长期的竞争力和可持续发展，必须实现高效的绩效管理。传统的绩效评估方式已逐渐无法满足企业的需求，智能化的绩效诊断成为提升企业运营效率、优化决策的关键手段。借助大数据、人工智能等技术，企业可以更加精准地诊断整体绩效，挖掘潜在问题，优化战略规划，从而提升企业的综合竞争力。

（一）企业整体绩效诊断的智能化框架

企业整体绩效诊断的智能化框架通过对企业内部与外部数据的深度整合，应用大数据分析、机器学习等技术，对企业的各项运营指标进行实时监测与智能分析。智能化框架通常包括数据采集、数据预处理、数据分析、结果评估等环节。数据采集阶段，通过企业资源计划系统、财务系统、员工绩效管理系统等多个渠道获取数据；数据预处理阶段，通过数据清洗、缺失值填补等方法确保数据质量；数据分析阶段利用人工智能算法对数据进行预测、聚类分析，发现潜在的经营问题；结合行业标准与历史数据进行结果评估，并生成诊断报告。海尔集团在其数字化转型过程中，采用智能化绩效诊断框架，通过整合来自生产线、供应链、市场和客户反馈的数据，利用大数据分析技术实时监控各项关键绩效指标。通过这一智能化框架，海尔能够迅速发现并解决生产过程中的瓶颈问题，提高生产效率，并进一步优化供应链管理。

（二）基于大数据的企业绩效健康评估

基于大数据的企业绩效健康评估通过分析企业各类运营数据，建立健康评估模型，帮助企业从多维度评估其整体运营状况。通过收集与分析海量数据，企业可以获得关于财务状况、生产运营、市场表现、员工满意度等各个层面的信息，识别存在的问题，并实时跟踪其发展态势。大数据技术可以从多个维度对企业的绩效进行全景式分析，发现潜在的风险与机遇。阿里巴巴集团在绩效健康评估方面的实践，利用其强大的数据平台对公司各项业务进行全面监控。通过大数据分析，阿里巴巴能够实时监测其电商平台的销售数据、用户行为数据及物流配送情况，从而快速识别销售下降的原因，调整营销策略，优化客户体验，保持业务的健康发展。

（三）多维度数据分析在绩效诊断中的应用

在企业绩效诊断过程中，多维度数据分析是提升诊断精度和深度的关键。通过结合不同来源的数据（如财务、客户、员工、市场等），企业可以获得更全面的绩效诊断结果。多维度数据分析不仅能够揭示绩效表现的当前状态，还能提供深度洞察，帮助企业识别潜在的问题和未来的趋势。常用的分析方法包括回归分析、聚类分析、因子分析等。宝马集团在绩效诊断中应用多维度数据分析技术，通过将全球多个工厂的生产数据与员工绩效数据、客户满意度调查数据结合分析，发现一些生产线效率低下的根本原因不仅与设备问题有关系，更与员工培训和工作环境有很大关系。通过这一多维度分析，宝马调整了员工培训机制和生产流程，成功提升了整体生产效率。

（四）智能化诊断结果与企业战略决策的对接

智能化绩效诊断的结果能够为企业战略决策提供科学依据，通过对企业运营状况的精准评估，智能化诊断系统可以为企业提供详细的优化建议，帮助管理层做出更为精准的决策。智能诊断系统能够预测市场趋势，评估投资项目的可行性，分析内部资源的最优配置等，从而优化资源分配、提升战略执行力。腾讯公司在制定战略决策时，充分借助智能化绩效诊断结果。在推出新产品或进军新市场时，腾讯通过智能化诊断系统分析市场趋势、竞争态势、内部资源及用户需求等数据，形成数据驱动的决策支持系统。

随着技术的不断进步，智能化企业绩效诊断已成为提升企业竞争力和管理效率的重要工具。通过大数据分析、多维度数据的结合，以及智能化诊断系统与企业战略的紧密对接，企业能够实时监控运营状况，及时发现潜在问题，并通过精准决策来优化资源配置和战略布局。未来，随着人工智能和机器学习技术的进一步发展，智能化绩效诊断将更加精确和高效，为企业的长期发展提供有力支持。

第四节　智能财务在税务管理中的应用

一、税务数据的智能化处理

随着信息技术的迅速发展，税务管理的智能化程度逐渐提升，尤其是在数据处理方面，智能财务逐步成为提升税务管理效率和准确性的关键工具。智能财务技术在税务管理中的应用，不仅能提高数据处理的效率和准确度，还能通过大数据、人工智能等技术实现税务决策的精准化。下面将详细探讨税务数据采集与清洗的智能化方法、大数据技术在税务数据分析中的应用、基于人工智能的税务数据分类与存储以及税务数据处理的自动化与实时性优化。

（一）税务数据采集与清洗的智能化方法

税务数据的采集与清洗是智能化税务管理中的第一步，传统的税务数据采集往往依赖人工输入或单一数据源，存在数据不完整、重复、冗余等问题。智能化方法可以通过自动化工具和机器学习算法，大幅提升数据采集和清洗的效率。一些税务系统已通过自然语言处理技术从企业的财务报表、交易记录等多种文件中提取关键信息，从而实现自动化的数据采集。清洗过程中，系统会利用算法对不一致、缺失或异常的数据进行自动标记和处理，极大地减少了人工干预，提高了数据的准确性与一致性。上海市税务局在推出智能税务管理平台后，通过自动化的数据采集和清洗系统，成功减少了人工干预的需要。

（二）大数据技术在税务数据分析中的应用

大数据技术在税务数据分析中的应用可以帮助税务机关全面了解税收来源、纳税人行为，以及市场趋势等关键信息，通过对大量的税务数据进行深入分析，税务机关可以更加精准地预测税收流动、发现潜在的税务风险点并及时调整税务政策。通过数据挖掘技术，税务部门能够实时监控跨地区企业的交易模式、发票流转情况及异常行为，发现潜在的税收漏报问题。大数据不仅能提升税务监管的效率，还能为纳税人提供更加个性化的服务。2019年，江苏省税务局利用大数据技术对全省小微企业的税收数据进行全面分析，发现部分企业存在重复申报和税务不规范的情况，从而对其及时进行干预，有效减少了税收流失。

（三）基于人工智能的税务数据分类与存储

人工智能技术可以通过机器学习、模式识别等方式，帮助税务部门对庞大的税务数据进行高效的分类与存储。传统的数据分类和存储方式往往依赖人工判断，效率低且易出错。而人工智能技术可以根据数据特征，自动识别和分类不同类型的税务数据，并智能化地选择存储位置和方式。人工智能技术的引入，不仅提高了数据分类的准确性，也提升了数据存储的安全性和检索效率。在深圳市税务局的智能税务平台中，通过引入人工智能技术，平台能够自动对来自不同来源（如发票、财务报表等）的数据进行分类，并将数据存储在合适的位置。此举不仅加快了数据处理速度，还提高了数据检索的精确度，减少了人工操作的错误率。

（四）税务数据处理的自动化与实时性优化

税务数据处理的自动化与实时性优化是智能化税务管理的重要目标之一，通过自动化处理系统，税务机关可以实现对各类税务数据的实时监控和即时处理。实时性优化方面，利用云计算和边缘计算等技术，可以实现对税务数据的快速存取和处理，从而提升税务决策的响应速度和灵活性。国家税务总局在其新一代税务信息系统中，利用云计算平台实现了数据处理的自动化和实时性优化。该系统能够实时监控各地企业的纳税数据，一旦出现异常，系统会即时发出警报，确保税务问题能在第一时间得到处理。该系统的应用，极大地提升了税务管理的效率和精确度。

智能财务在税务管理中的应用正逐步改变传统的税务处理方式。通过税务数据的智能化采集与清洗、大数据技术的深度分析、人工智能的高效分类与存储，以及数据处理的自动化和实时性优化，税务管理的效率和准确性得到了极大的提升。这些技术不仅有助于税务部门更好地进行风险管理和决策支持，还能为纳税人提供更加便捷、精准的服务。随着技术的不断发展，智能财务将在税务管理中发挥越来越重要的作用，助力其构建更加智能、高效的税务体系。

二、税务风险监控与预警

在现代税务管理中，税务风险监控与预警已成为保障税务合规和税收公平的重要环节。随着信息技术的迅猛发展，特别是大数据、人工智能和机器学习等新兴技术的应用，税务风险监控的精确度和效率得到了显著提升。企业和税务机关能够通过智能化手段识别潜在的税务风险，及时进行预警和干预，从而避免税务问题的发生。下面将探讨税务风险的智能识别与分析模型、基于大数据的税务风险预警系统、机器学习在税务风险监控中的应用，以及自动化税务风险报告生成与决策支持等方面的内容，并结合实际案例进行分析。

（一）税务风险的智能识别与分析模型

税务风险的智能识别与分析模型通常依托于大量的历史数据和复杂的算法，通过对企业的财务数据、税务申报记录等信息的深入分析，识别潜在的税务风险。这些模型能够帮助税务机关或企业管理层提前发现不合规的税务行为，从而做出及时的调整。一家大型跨国公司利用智能分析模型对其不同国家和地区的税务申报数据进行比对，发现公司在一个国家的利润偏低，远低于同行业的平均水平。进一步分析发现，该地区的税务申报存在转移定价操作的风险，通过智能识别模型，可以自动标记该项风险，提醒税务人员进一步核查，避免了潜在的税务问题。智能识别模型的关键在于利用先进的算法处理海量数据，结合统计学模型、经济学原理，以及历史经验，帮助识别税务风险点。随着数据采集手段的不断完善，税务风险智能识别将变得更加精准和高效。

（二）基于大数据的税务风险预警系统

基于大数据的税务风险预警系统是通过汇集大量的税务、财务、经济等数据，通过分析这些数据的内在联系与规律，提前预测和识别税务风险。大数据技术能够处理海量信息并为税务机关提供多维度的风险分析，帮助其实现实时预警。在一次分析中系统检测到一批小微企业的销售收入存在大幅波动，经过进一步分析，发现这些企业存在虚开发票行为。该预警系统通过向税务机关发出警报，相关部门对这些企业进行了核查，并成功阻止了一起虚开增值税发票的案件。系统的优势在于能够实时监控大量的纳税人数据，自动化地进行风险筛查和预警，提高了税务管理的效率与精准度。系统也能根据历史数据和税收政策的变化进行动态优化，确保风险预警的及时性和准确性。

（三）机器学习在税务风险监控中的应用

机器学习技术在税务风险监控中的应用，主要体现在对数据的深度学习和自动化风险识别上。机器学习算法可以通过学习大量历史税务数据，建立预测模型，自动发现税务风险的潜在模式和趋势。以增值税风险监控为例，税务机关使用机器学习算法对大量企业的增值税申报数据进行分析，发现一些企业的进项税额与销售额不匹配。通过深度学习，机器学习模型能够自动识别这些异常数据，并标记为潜在的税务风险。税务人员可以基于机器学习模型的预警，进行进一步的核查和稽查。机器学习的优势在于其自我优化能力，随着数据量的增加，模型的预测能力不断提升，能够发现传统方法难以察觉的税务风险。机器学习还能够帮助税务机关进行智能决策支持，自动调整税务风险的监控策略，提高税务监管的精准度和效能。

（四）自动化税务风险报告生成与决策支持

自动化税务风险报告生成与决策支持系统，能够根据实时数据和风险分析结果，自动生成税务风险报告，供企业或税务机关的决策者参考。这一系统通过自动化的数据采集、分析和报告生成，减少了人工干预，提高了税务风险管理的效率和准确性。一家跨国公司在建立税务风险管理系统后，通过自动化工具生成了月度税务风险报告，报告中详细列出了各地区和各部门的税务合规状况、潜在风险点及建议措施。通过系统的支持，管理层能够快速识别出哪些区域存在较高的税务风险，进而及时采取相应的合规调整措施，降低税务纠纷的发生概率。自动化报告生成不仅提高了税务管理的效率，还能为决策者提供及时且准确的决策支持数据，使得税务风险管理更加科学化和系统化。通过与其他智能系统的联动，决策支持系统能够帮助税务人员做出基于数据分析的优化决策。

税务风险监控与预警系统在现代税务管理中发挥着越来越重要的作用，通过智能识别与分析模型、大数据技术、机器学习算法，以及自动化报告生成系统的综合应用，税务机关和企业能够更高效、更准确地识别和预测潜在的税务风险，从而有效规避税务违规问题。随着技术的不断进步，未来的税务风险监控系统将更加智能化、自动化，并能更好地支持决策过程，提高税务管理的整体效率与质量。

三、税务合规的技术保障

随着全球经济数字化转型和税收法规日益复杂化，税务合规变得更加重要且困难。在此背景下，企业和政府逐步依赖先进的技术手段来确保税务合规性，减少税务风险。下面将探讨智能化税务合规检查系统、区块链技术、人工智能和自动化税务申报等技术在税务合规中的应用，展示这些技术如何提高税务管理的效率和准确性。

（一）智能化税务合规检查系统的设计与实施

智能化税务合规检查系统利用大数据、人工智能和机器学习技术，通过自动化的流程实现对企业税务申报的实时检查和风险预警。这些系统可以对大量税务数据进行深度分析，发现潜在的合规风险，并生成相应的处理建议，帮助企业避免税务违规行为。美国的 Intuit 公司推出了基于人工智能的 TurboTax 系统，该系统能智能分析用户的财务数据，帮助企业和个人完成税务申报，并自动识别税务错误或合规性问题。该系统还能根据用户的纳税历史和财务状况，提出合理的税务优化建议，从而最大限度地减轻企业的税务负担。智能化税务合规检查系统的关键在于数据的实时性和准确性，通过建立高效的数据采集和处理机制，企业可以在税务检查和申报过程中避免人为错误，提升合规性。

（二）基于区块链技术的税务数据透明性与追溯

区块链技术通过其去中心化、不可篡改的特点，为税务数据的透明性和可追溯性提供了强有力的保障。区块链能够确保所有税务相关数据的真实可靠，且数据更新和记录是公开透明的，税务机关与企业之间的信息交换也能更加高效和安全。爱沙尼亚政府在税务管理中利用区块链技术实现了高度的透明性和自动化，该国税务系统通过区块链确保所有税务数据和交易的不可篡改性，从而提高了税务合规性和防止了数据篡改行为。企业可以通过区块链技术随时查询与自己相关的税务记录，确保数据的准确性和完整性。区块链不仅帮助政府提高税收管理效率，还帮助企业建立更好的税务信誉，提升了税务透明度和社会公信力。

（三）人工智能在税务合规审计中的应用

人工智能技术可以通过自动化税务审计过程，帮助税务机关和企业提高审计效率与准确性。人工智能技术通过深度学习和自然语言处理技术，能够识别和分析税务申报中的不合规项，如虚假报销、错报收入等问题，并提供智能建议。中国国家税务总局推出的"税务大数据平台"便应用了人工智能技术进行税务审计。通过人工智能分析海量的纳税数据，系统能够自动识别税务风险并及时向税务人员发出预警。该平台不仅提高了税务审计的效率，还增强了税务机关对企业合规性的监控能力，减少了人工审计的工作量。人工智能的应用让税务审计不再依赖人工抽查，而是通过技术手段实现精确、系统化的审计，显著提升了审计效果。

（四）自动化税务申报与合规性验证的技术支持

自动化税务申报系统通过集成企业的财务数据和税务规则，自动计算应纳税额并提交税务申报。与传统的人工申报方式相比，自动化系统不仅提高了税务申报的效率，还大大降低了人为错误的发生率。德国的 ELSTER 系统就提供了税务申报的自动化解决方案。企业和个人通过该系统提交税务申报时，系统会自动进行合规性验证，确保申报数据符合德国税法的要求。如果发现潜在问题，系统会提前警告并要求修正。该系统还能够自动化地与税务机关进行对接，减少了税务处理的烦琐环节，提高了税务管理的透明度和准确性。自动化税务申报系统通过自动验证和申报功能，不仅提高了税务申报效率，也提高了税务合规性和数据的准确性。

税务合规的技术保障正经历着快速的发展与创新，智能化税务合规检查系统、区块链技术、人工智能与自动化申报等技术手段为税务管理提供了全新的解决方案。这些技术不仅提升了税务管理的效率与准确性，还增强了税务数据的透明性与追溯性，帮助企业更好地应对税务合规的挑战。

四、智能化税收筹划策略

随着全球经济的数字化和智能化进程的加速，税收筹划作为企业财务管理中的核心环节，也在面临着前所未有的变化。传统的税收筹划方式往往依赖人工经验和固定的规则，效率较低且难以适应复杂多变的税收环境。智能化税收筹划策略应运而生，依托大数据分析、人工智能等前沿技术手段，能够帮助企业实现更为精准、动态和灵活的税务管理。下面将围绕智能化税收筹划的各个方面进行探讨，深入分析如何通过数据分析、人工智能及动态调整等手段，优化税收筹划方案，提升企业的税务合规性与经济效益。

（一）基于数据分析的税收筹划方案优化

税收筹划方案的优化离不开数据的支撑，通过对企业财务数据、税务信息、行业发展趋势及税法变化等进行深度分析，企业能够制定更加精准的税收策略。在大数据背景下，企业能够从海量信息中提取有价值的数据，识别税收优化空间。全球知名跨国公司利用数据分析技术，分析不同国家和地区的税率政策，结合其业务分布和交易结构，优化跨国税收安排。数据分析不仅能帮助企业识别合规性风险，还能通过模拟不同税收方案，评估各类税务策略的效果，为决策提供科学依据。借助人工智能算法，企业可以进行自动化的税务合规检查和税率调整，进一步提高税收筹划的准确性和效率。一些中国大型制造企业通过与第三方数据分析公司合作，分析其多个子公司所在地区的税务政策，通过数据建模，重新设计了跨区域的资金调拨方案，成功减少了因双重征税而带来的额外税收负担。

（二）人工智能在跨境税收筹划中的应用

跨境税收筹划涉及多个国家和地区的税务政策、法规及协议，复杂性和不确定性较高。人工智能可以通过自然语言处理技术，快速分析和解读不同国家的税收法规，帮助企业及时了解税收政策的变化。人工智能可以扫描并分析各国税务法规的最新变动，并自动提醒企业进行税务调整，从而规避政策风险。人工智能还可以优化跨境资金流动、利润分配等方面的决策。一家国际知名IT公司利用人工智能系统监控其在不同国家的税务合规性，自动识别潜在的税务风险，并根据实时的税务法规和税率调整其国际资金调度策略，从而实现全球范围内的税收优化。一家跨国企业通过人工智能平台分析全球20多个国家的税收优惠政策，成功利用智能算法重新设计了其海外子公司的利润转移结构，实现了整体税负降低15%。

（三）智能化税收筹划的动态调整与预测

税收政策的变化是税务管理中不可忽视的重要因素，传统税收筹划往往依赖静态的规则和策略，而智能化税收筹划则能够通过动态调整与预测，实现与税收政策变化的实时适应。利用大数据和机器学习算法，企业可以不断跟踪和预测税务政策的走向，及时调整税收筹划方案。通过对历史数据的深入分析，企业可以构建税务预测模型，预见未来税收政策的变化趋势。在面对国际税收协议调整、国内税法变化时，企业能够提前做出税收策略的调整，确保税收筹划方案的持续有效性。智能化税收筹划可以帮助企业在不同的税收环境下保持灵活性，从而最大限度地降低税务风险。一家跨国企业通过搭建税务数据预测模型，在得知欧盟即将对数字经济征税时，及时调整其在欧盟地区的业务布局，成功避免了预期的税负增加。

（四）基于人工智能的税收筹划与财务决策一体化

　智能化税收筹划不仅是税务部门的工作，它与企业的整体财务决策也紧密相连。在智能化环境下，税收筹划与财务决策可以通过人工智能技术进行一体化管理，确保两者的协同效应。人工智能技术能够帮助企业实现财务目标与税收目标的统一，并对企业的现金流、资本结构、投资决策等进行全面优化。通过智能化分析，企业可以同时评估税务筹划与财务决策的综合效果，从而做出更加理性和高效的决策。一家科技公司在进行资本融资时，利用人工智能算法分析融资结构对税收负担和现金流的影响，最终选择了税务负担最轻且对现金流影响最小的融资方式。一家企业在进行并购交易时，通过人工智能系统分析税务影响和财务整合效益，最终选择了最佳的收购结构，从而在兼顾税务合规的前提下，使投资回报最大化。

　智能化税收筹划不仅是技术的应用，还是企业管理水平提升的体现。通过大数据、人工智能技术的引入，企业能够实现税收策略的精准制定、动态调整及与财务决策的高度融合。未来，随着人工智能技术的不断发展，税收筹划将变得更加智能化、精准化，成为企业财务管理中不可或缺的一部分。

第四章 智能财务实施路径

第一节 智能财务的实施流程

一、需求分析与目标设定

在数字化经济的快速发展下,智能财务已成为组织管理会计的核心领域,其关键在于如何通过科学的实施路径,实现智能技术与管理会计深度融合,从而提升企业价值创造能力。智能财务的实施流程是一个系统性的工程,贯穿需求分析、目标设定、方案设计、技术开发与应用、效果评估等多个环节。实施流程的合理性和科学性直接决定了智能财务系统的应用效果,影响着企业在数据决策与运营管理中的精准度和效率。需求分析与目标设定作为智能财务实施的起点和基础,是整个流程的关键环节,它不仅明确了企业智能化转型的方向,还为后续阶段的展开奠定了清晰的框架。

(一)需求分析的关键任务

在实施智能财务之前,需求分析是企业最为重要的工作之一。其核心在于全面识别企业当前财务管理的痛点、业务流程的瓶颈,以及通过智能技术优化的场景。需求分析需要依托企业的实际运营情况,对数据采集、财务核算、预算管理、决策支持等多个环节进行深入剖析,确保提出的需求具有明确的业务背景支撑。

企业基于现有的财务信息系统,梳理其功能与流程现状,识别其中存在的低效环节。在财务核算中,是否存在重复性手工操作,是否出现数据交互不畅等问题;在预算管理中,预算编制是否耗时过长,预算执行的追踪是否精准等。问题的识别需要通过与业务部门、财务人员，以及管理层的充分沟通，结合定量与定性的分析工具加以验证，避免需求分析流于表面化。

需求分析还需结合行业特点和市场竞争环境，明确智能财务的关键需求领域。不同企业在其所在行业中的业务模式各异，智能财务的需求也因此呈现差异化。对于生产制造企业来说，需求集中在生产成本精细化核算以及供应链数据的实时监控上；而对于零售企业而言，更关键的需求在于消费数据的整合分析，以及资金流动的精准预测。通过将企业的核心业务特性与智能财务需求紧密结合，确保需求的提出更具针对性和实践意义。

（二）目标设定的科学性与可行性

在明确企业需求的基础上，智能财务实施的另一个关键环节是目标设定。目标设定的目的是通过清晰的方向指引，确保智能财务系统的建设能够符合企业实际，避免因目标过于宽泛或不切实际而导致资源浪费；科学性与可行性是目标设定的两个核心要素。

目标设定体现在层次性，即从战略层、战术层到操作层，明确智能财务在企业不同管理层次的实现目标。在战略层面，企业将智能财务定位为提升企业资源配置效率的工具，以实现财务信息对决策的精准支持；在战术层面，目标聚焦于优化预算执行、提高成本控制的实时性；在操作层面，明确提升具体业务流程自动化程度的目标，减少财务人员在凭证处理上的时间消耗。层次化的目标设定可以使智能财务的实施路径更加清晰，避免出现大而化之的问题。

目标设定还须辅以明确的量化指标，以便在后续的实施和评估过程中具备客观的衡量标准，如将财务报表编制的时效性提高至每月 3 天内完成，将预算偏差控制在 5% 以内等。量化指标的设置既是对实施效果的检验依据，也是实施团队行动的具体指引，能够有效增强执行力。

需求分析与目标设定作为智能财务实施流程的开端环节，是整个系统建设的基础，直接关系到后续工作的推进成效。需求分析强调从企业实际出发，深度挖掘财务管理与业务流程中的关键需求，确保智能财务系统的设计能解决实际问题；目标设定则以科学性和可行性为原则，通过层次化的目标指引和明确的量化指标，为智能财务的实施提供清晰的路径。通过扎实的需求分析与科学的目标设定，企业能够为智能财务的建设奠定稳固的基础，最终实现其管理效能与决策支持能力的全面提升。

二、技术方案的设计与评估

技术方案的设计与评估是智能财务实施流程中的核心环节，其重要性不仅体现在技术架构的搭建上，还涉及方案能否与企业实际需求和资源条件高度契合。技术方案设计需要综合考虑多种要素（如表 4-1 所示），包括企业的业务特点、现有信息化水平、财务管理的痛点，以及行业技术发展的最新动态。设计阶段旨在为智能财务系统的开发与应用提供科学的蓝图，而评估则通过量化与定性的结合，对方案的合理性和可行性进行全面检验，确保项目实施能够实现预期目标。只有通过周密设计和严谨评估，才能让智能财务系统在实际运用中真正发挥作用。

（一）技术方案设计的核心要素

在技术方案设计中，优先关注架构的整体性与系统功能的匹配性。智能财务系统的架构通常包括数据层、应用层和交互层三个主要部分。数据层的设计是整个系统的基础，它涉及企业财务数据的采集、清洗、存储和处理能力。在数据层，确保其能够支持多源异构数据的接入，并提供足够的计算和存储能力，以应对财务管理过程中产生的大量数据流转与分析需求。

应用层是技术方案的核心，其功能设计应围绕企业的智能财务需求展开。常见的功能模块包括预算预测、成本分析、财务报表自动生成、税务合规管理，以及智能决策支持等。在设计时，确保功能模块之间具有高度的协同性和数据共享能力，避免出现信息孤岛或功能冗余的问题。应用层的设计还应具有一定的扩展性和灵活性，以便在未来适应企业业务模式的变化和技术更新的需求。

交互层是系统与用户之间的桥梁，其设计决定智能财务系统的易用性和用户体验。交互层不仅需要直观的界面设计，还需要通过嵌入自然语言处理技术、语音识别功能等智能交互手段，提升财务人员的操作效率。通过简单友好的交互方式，有效降低系统的学习曲线，使用户能够快速上手并充分利用系统功能。

表 4-1　智能财务实施流程技术方案的核心要素

核心要素	具体内容	作用
需求分析	明确企业财务管理痛点和智能化需求，识别关键应用场景	确保技术方案贴合企业实际，避免资源浪费，明确项目目标
技术选型	选择适合企业需求的智能工具（如 RPA、大数据、AI、区块链）	提供高效、可靠的技术支持，确保系统功能满足业务需要
流程重塑	优化和标准化财务流程，融入智能化功能模块（如自动化报表、实时分析）	提高效率，减少冗余流程，推动财务操作向高价值活动转型
系统部署	实施智能财务系统，进行技术配置与平台搭建（如云端架构或本地化系统）	确保智能财务技术的高效落地，满足不同规模企业的技术需求
培训与变更管理	为财务人员提供智能工具培训，培养新技能，推动组织文化的适应性调整	提高员工技术应用能力，确保智能财务方案顺利落地并实现预期效果

（二）技术方案评估的科学方法

技术评估主要针对方案的技术架构、功能实现以及稳定性进行验证，技术架构是否满足企业的实际需求，数据处理能力是否足够，系统接口是否具备开放性等，都是评估的核心内容。通过原型测试、模拟运行等手段，对系统的响应速度、容错能力，以及安全性进行全面检验，确保系统在实际运行中能够承受高并发、高复杂度的业务场景。

经济评估则关注方案的投入产出比和成本效益，智能财务系统的实施通常需要较大的资金投入，包括硬件设备采购、软件开发、系统运维和人员培训等多个方面。企业通过对比分析，评估技术方案是否能够在合理的成本内实现预期的业务价值。经济评估还需要关注长期效益，包括系统运行后的效率提升和对企业决策支持的增值效果，从而判断投资的合理性。

组织评估重点在于技术方案是否能够顺利融入企业的管理体系和组织结构，企业的组织文化、业务流程、员工技能水平等都对方案实施造成影响。在评估中需要关注企业内部是否具备足够的资源支持方案落地，如是否有充足的技术人才，管理层是否能够提供必要的政策支持，以及员工是否具备学习新系统的意愿和能力。

业务评估旨在验证方案是否能够有效满足企业的财务管理需求，通过模拟应用场景和实际数据测试，评估系统在财务核算、预算管理、决策支持等方面的表现是否达标，能否真正解决企业的痛点。业务评估的结果通常需要与企业的关键绩效指标（KPI）进行对比，以判断方案是否具备实际价值。

技术方案的设计与评估是智能财务系统实施流程中的核心步骤，决定系统的功能性、稳定性，以及与企业需求的契合度。在设计阶段，企业需要从数据层、应用层和交互层三个维度出发，确保方案架构的完整性与功能的匹配性；在评估阶段，则需通过技术、经济、组织和业务四个方面的综合分析，对方案的合理性和可行性进行全面检验。通过科学的设计和严谨的评估，企业不仅可以确保智能财务系统的实施效果，还可以为其后续优化与升级奠定坚实的基础。

三、实施过程中的关键步骤

智能财务的实施是一个复杂的过程，需要明确的步骤和系统化的推进方式，以确保其在企业运营管理中发挥预期效果。实施过程中，每一个关键步骤的设置都与系统的最终应用成效息息相关，贯穿技术的部署、人员的协调，以及业务流程的适配等多方面工作。在实施中，任何一个环节的缺失或不足都将导致整个项目目标的偏离。

（一）技术部署与系统集成的精准实施

技术部署是智能财务实施过程中最具挑战性的一环，其核心目标是将设计阶段的技术方案付诸实践，并通过系统集成实现企业财务管理的智能化与协同性。在技术部署中，企业需要根据系统架构的特点，分阶段、有步骤地完成技术的落地实施，以减少对企业现有业务流程的干扰。

技术部署通常从硬件和软件环境的搭建开始，包括服务器配置、数据库建设以及软件平台的开发与安装。为了确保系统能够高效运行，企业根据自身业务数据的规模和复杂度选择适配的技术工具，同时针对不同功能模块的需求配置相应的资源。技术部署的每一步都需要通过严谨的测试和验证，确保硬件和软件环境具备足够的稳定性和安全性，从而为后续的应用打下坚实的基础。

系统集成是技术部署中的重要环节,其关键任务是实现智能财务系统与企业现有业务系统的无缝对接。通过系统集成,实现数据的实时共享与交互,使得智能财务系统能够在整体业务流程中发挥更大的协同性。集成过程需要特别关注接口的开发与调试,确保各系统之间的数据传输准确、顺畅,同时避免因技术问题导致数据重复或丢失的风险。

（二）业务流程优化与组织适配的协同推进

在智能财务的实施过程中,业务流程的优化与组织适配是决定项目成败的关键因素。技术的成功部署并不等同于系统的真正落地,只有通过与企业现有流程和组织架构的深度融合,才能使智能财务的价值最大化。

业务流程优化的重点在于通过智能化手段对传统财务管理模式进行重构,消除低效环节,提升流程的灵活性和反应速度。预算编制流程可以通过智能算法实现动态预测和自动调整,从而大幅缩短预算周期,提高预算的准确性。在优化过程中,对现有流程进行全面梳理,并结合智能财务系统的功能特性设计出更高效的流程路径。建立起清晰的流程责任体系,确保每一项任务都有明确的负责人和评估标准,从而避免在实际执行中出现职责不清或操作不当的问题。

组织适配则是实现智能财务成功应用的重要保障,企业在实施智能财务时,需要对原有的组织架构和人员分工进行调整,以确保新系统能够顺利融入日常运营中。特别是在企业财务部门,传统的职责划分和工作模式已无法完全适应智能财务的要求,因此要重新明确各岗位的核心职责。随着重复性财务核算工作的自动化,财务人员的工作重点将更多转向数据分析和决策支持。企业需通过有针对性的培训和岗位调整,使财务团队具备适应智能化系统的能力,并逐步形成以数据驱动为核心的财务管理文化。

（三）监控与评估机制的持续改进

在智能财务实施的最后阶段,监控与评估是确保系统稳定运行和持续优化的必要步骤。通过科学的监控机制和系统化的评估方法,企业及时发现并解决实施过程中出现的问题,确保智能财务系统能够在实际应用中实现预期效益。

监控机制的核心在于对系统运行状态和数据质量的实时跟踪,企业需要通过搭建完善的监控平台,定期检查系统的性能指标,如数据处理速度、响应时间和错误率等。监控还需覆盖系统的安全性，包括对数据泄露、未经授权访问等风险的防范。在此过程中，企业应设立专门的监控团队或岗位，确保监控工作的专业性和持续性。

评估机制的重点是通过量化指标对实施效果进行全面检验，判断智能财务系统是否达到了既定目标。通过财务报表生成时间、预算执行偏差，以及管理决策效率等指标，衡量系统的应用效果。评估结果不仅是对实施成效的总结，也是后续优化工作的依据。

智能财务的实施过程需要以清晰的步骤和科学的推进方式为基础，技术部署与系统集成、业务流程优化与组织适配、监控与评估机制的建立，构成了实施流程的三个关键环节。技术部署通过精准的硬件配置与系统集成，为智能财务系统的运行提供了坚实的基础；业务流程优化和组织适配则通过消除低效环节和调整岗位职责，实现技术与管理的深度融合；监控与评估机制则确保系统运行的稳定性与优化的持续性。通过关键步骤的协同作用，企业能够在实施过程中有效规避风险，最大化智能财务系统的价值，从而在竞争激烈的市场环境中获得更强的财务管理能力和决策支持优势。

四、实施完成后的效果评估

在智能财务实施完成后，效果评估是确保系统成功落地并发挥预期价值的关键环节。效果评估不仅是对项目结果的检验，还是对实施过程、技术适用性，以及业务适配度的全面复盘。通过科学的效果评估，企业能够明确智能财务系统在提升财务效率、优化业务流程，以及支持决策方面的具体表现，同时发现潜在的改进空间，从而为后续优化提供依据。效果评估需要通过多维度的量化与定性分析，以确保结果的客观性和全面性，使企业的管理层能够全面了解系统的实际价值，并基于评估结果制定后续策略。

（一）关键绩效指标的全面衡量

效果评估的第一步是对智能财务系统的关键绩效指标（KPI）进行全面衡量，以明确系统对企业财务管理的实际贡献。关键绩效指标的选择需要与企业在系统实施前设定的目标相对应，涵盖效率提升、准确性、成本控制和数据支持等多个方面。

一方面，效率提升是智能财务系统实施的核心目标之一，重点评估其在财务核算、预算管理，以及报告生成等方面的效率表现。企业可以通过比较财务报表编制时间的变化来衡量系统的自动化程度，通过预算编制周期的缩短反映其对财务管理流程的优化效果。系统的运行稳定性也是效率评估的重要组成部分，包括数据处理的速度、响应时间的变化，以及系统的容错能力等指标。

另一方面，准确性也是智能财务系统的核心价值所在。通过对财务数据精度的评估，判断系统是否有效避免了传统财务管理中由于人工操作导致的数据错误。企业通过比较报表生成过程中的错误率、数据对账的一致性，以及预算执行偏差的变化，来评估系统在数据处理和核算准确性方面的改进程度。

成本控制指标是衡量智能财务系统效果的重要参考，通过分析系统实施后运营成本的变化，明确技术应用对整体财务支出的优化程度。成本控制评估不仅需要关注直接成本的降低，如财务人员时间成本和运营费用的减少等，还需要分析系统对间接成本的影响，如优化决策质量所带来的经营效率提升等。

（二）业务与技术适配性的深度检验

在衡量关键绩效指标的同时，业务与技术适配性的检验是效果评估的另一个重要维度。智能财务系统的成功不仅取决于其技术能力，还依赖于技术与企业业务流程的深度融合。

业务适配性的评估主要关注系统在解决企业实际需求和痛点方面的表现，通过对系统在预算管理、成本核算、资金管理，以及税务合规等核心业务环节的应用效果进行检验，明确其是否能够满足企业的具体管理需求。预算管理模块是否实现动态调整和实时监控，成本核算模块是否支持多维度的数据分析和精细化管理，都反映系统在业务适配性方面的表现。企业还须通过收集相关部门和用户的反馈意见，了解系统在实际操作中的易用性及对业务效率的促进作用。

技术适配性的检验则聚焦于系统与现有信息化架构的兼容性和扩展性，企业通过技术评估确定系统的稳定性和可持续性，如其是否能够稳定运行于现有的硬件和网络环境中，接口设计是否能够支持与其他业务系统的数据交互。还需要关注技术的可扩展性，即系统是否能够适应企业未来业务规模的扩大和功能需求的增加。

（三）智能财务的决策支持能力评估

作为智能财务的重要功能之一，决策支持能力的评估是效果评估不可忽视的环节。智能财务系统通过对财务数据的深度挖掘与分析，为企业管理层提供全面、实时和精准的决策依据。

决策支持能力的评估可以从数据分析的质量、预测的准确性，以及对决策效率的提升三个方面展开。在数据分析质量方面，通过对系统生成的分析报告进行检验，确认其是否涵盖决策所需的关键数据，数据的分类和呈现是否清晰直观，以及分析结果是否具备针对性和操作性。预测的准确性则体现在系统对未来业务趋势的预判能力上，如对现金流动、市场需求，以及经营风险的预测结果是否符合实际情况。在决策效率的评估中，企业通过比较系统实施前后的决策周期和决策质量，明确智能财务系统在提升管理层决策能力方面的具体贡献。通过与管理层和业务部门的沟通，进一步了解系统在实际决策场景中的应用效果，以及其对决策信心和效率的提升作用。

实施完成后的效果评估是智能财务项目的关键收尾环节，其目标是通过全面的量化与定性分析，明确系统的实际应用效果，并为后续优化提供科学依据。在效果评估中，关键绩效指标的衡量重点关注效率、准确性和成本控制的改善，业务与技术适配性的检验则着眼于系统与企业实际需求的契合度和技术的可持续性，而决策支持能力的评估则通过数据分析质量、预测准确性和决策效率的变化，反映系统在提升企业管理水平方面的价值。通过科学的效果评估，企业不仅可以清晰地了解智能财务系统的实际表现，还可以进一步优化系统的应用和功能，确保智能财务在企业管理中发挥更大效能。

第二节 智能化转型的组织保障

一、企业智能财务转型的团队构建

智能财务的成功转型不仅需要依赖于先进技术的引入，还需要具备强有力的组织保障。团队构建作为转型过程中的重要组成部分，是确保转型战略有效落地的关键。企业在智能财务转型中建立一支具有多元化能力、协调性和执行力的团队，将技术能力、业务知识和战略思维结合起来，推动智能财务从设计到实施再到优化的全过程。团队构建不仅包括核心成员的遴选，还涉及明确的职责划分、高效的协作机制和完善的能力建设体系，以保障转型项目的高效实施和持续优化。

（一）核心团队成员的能力组合与职责划分

智能财务转型团队的组建需要以多学科、多岗位的协作为基础，确保每个环节都能得到专业支持和高效执行。团队的核心成员通常包括管理层代表、财务专业人员、技术专家和项目经理，每一类成员都在转型过程中扮演着不可替代的角色。

管理层代表是团队中的重要决策者和资源调配者，他们的职责不仅包括对转型目标的战略定位，还包括为团队提供资源支持和政策保障。在转型过程中，管理层代表充分理解企业的战略目标和财务管理需求，确保转型方向与企业整体发展战略保持一致。

财务专业人员是转型团队的核心技术骨干，负责为智能财务的建设提供专业的业务支持；其主要职责包括梳理现有财务流程，明确优化方向，以及提出智能化技术在财务管理中的具体应用需求。由于财务专业人员最了解企业的财务管理痛点，因而他们需要与技术专家紧密合作，确保智能化解决方案能够切实满足企业的实际需求。

技术专家则在团队中扮演着负责技术实现和系统开发的关键角色，他们的职责包括系统架构设计、技术方案开发，以及技术问题的解决。在转型过程中，技术专家对智能技术的应用潜力有深入理解，并根据企业的实际情况提供适配的技术解决方案；同时为财务团队提供必要的技术支持和培训，确保系统能够被顺利应用和推广。

项目经理是团队的核心协调者和执行者，负责统筹项目的整体规划与推进；在项目的各个阶段明确工作目标、分配团队任务，并监控实施进度和质量。项目经理还须在团队成员之间建立高效的沟通机制，确保信息传递的准确性和及时性，以避免因沟通不畅导致的项目延误或质量问题。

（二）高效协作机制与能力建设体系的建立

在智能财务转型团队中，仅仅依赖个体能力并不足以确保项目成功，高效协作机制和完善的能力建设体系是团队成功运作的关键保障。

高效协作机制的建立需要以明确的责任划分和信息共享为基础，企业通过制定清晰的岗位职责和任务分工，确保每位团队成员都能够专注于各自的领域，同时通过跨部门协作和定期沟通会议，打破信息孤岛，促进各成员之间的协调与配合。在实际操作中，团队采用敏捷项目管理方法，通过短周期的任务迭代和反馈，确保转型项目能够在快速变化的环境中保持灵活性和高效性。企业还需要通过设立绩效考核机制和激励措施，增强团队成员的责任感和积极性。

能力建设体系的重点在于提升团队成员应对智能财务转型复杂性的能力，特别是在技术快速发展的背景下，团队成员持续更新自身的知识和技能。企业通过引入外部专家讲座、技术培训课程，以及跨部门学习机制，为团队提供多样化的能力建设机会。财务人员需要熟悉智能化工具的操作和数据分析方法，而技术人员则需深入理解财务管理的基本逻辑和实际需求。通过能力建设，不仅能够提高团队整体的专业水平，还能够为企业培养一批既懂业务又精通技术的复合型人才，为后续项目转型提供长期支持。

结合实际，企业智能财务转型的团队构建实施方案如表 4-2 所示。

表 4-2 企业智能财务转型的团队构建实施方案

团队角色	核心要求
项目负责人	熟悉智能财务技术及企业业务，具备项目管理能力与跨部门协调能力
财务专家	精通财务流程与管理，熟悉智能财务技术的实际应用场景
技术团队	精通大数据、人工智能、RPA 等技术，具备系统开发与问题解决能力
数据分析师	精通数据处理、统计分析与可视化工具，具备数据驱动的决策支持能力
变更管理团队	具备变更管理经验，能够制订培训方案能够并提升员工接受度与适应能力

团队角色	核心要求
跨部门协作团队	了解跨部门协作需求，具备沟通能力和全局视角，协调部门间的利益与资源分配
外部顾问支持	熟悉智能财务转型的行业实践，具备丰富的项目实施与技术应用经验

企业智能财务转型的团队构建是转型成功的组织保障，其核心在于通过多元化的能力组合和高效的协作机制，确保每一项任务都能够精准落实。在团队成员的选择上，管理层代表、财务专业人员、技术专家和项目经理各司其职，通过清晰的职责划分和紧密的合作，推动转型项目的顺利实施。高效协作机制的建立和持续的能力建设是团队高效运作的必要条件，通过明确的责任分工、信息共享和知识更新，企业能够为智能财务的长期发展奠定坚实的基础。团队构建不仅是技术落地的推动力，还是智能财务转型实现企业价值提升的重要支柱。

二、跨部门协作机制的建立

智能财务的转型过程不仅涉及财务部门的技术升级和流程优化，还需要企业内部多部门的协同配合。跨部门协作机制的建立，是确保智能财务系统成功实施并全面发挥价值的关键环节。由于智能财务不仅涵盖财务管理本身，还深度影响到企业运营、技术支持、数据管理和决策流程，因此单一部门的独立推进难以满足其复杂性和全面性的要求。通过构建高效的跨部门协作机制，企业能够打破部门壁垒，实现资源的有效整合和业务流程的协同优化，从而保障智能财务转型目标的顺利达成。

（一）跨部门协作的结构设计与角色定位

跨部门协作的第一步是明确协作结构和各部门在转型过程中的角色定位，智能财务转型多个部门的深度参与，包括财务部门、IT部门、业务部门和管理层代表。只有通过科学合理的结构设计，明确各部门的职责边界和协作方式，才能确保协作机制的高效运行。

财务部门在跨部门协作中扮演着核心角色，是智能财务转型的需求提出者和实施过程中的主要推动者。财务部门要梳理企业的财务管理痛点，明确智能化技术的应用场景，并提出具体的功能需求。财务部门还需在转型过程中发挥监督作用，确保技术方案的实施效果符合企业的财务管理目标。

IT部门作为技术支持的主要提供者，在协作中负责系统开发、技术部署和后期维护。IT部门需要根据财务部门提出的需求设计技术解决方案，并通过与其他部门的沟通，确保系统与企业现有的信息化架构兼容。在系统开发和实施阶段，IT部门还需承担技术测试和故障处理任务，为财务部门和业务部门提供技术保障。

业务部门在跨部门协作中具有数据提供者和系统使用者的双重身份，由于智能财务系统需要整合企业运营数据和财务数据，因此业务部门的参与尤为重要。在协作过程中，业务部门要提供准确的业务数据支持，并与财务部门一起设计符合实际业务流程的系统功能。业务部门作为系统的直接用户，其反馈对于系统功能的优化具有重要意义。

管理层代表作为跨部门协作的协调者和决策者，负责为协作机制的顺利运行提供资源支持和政策保障。管理层须通过协调各部门的资源分配，解决协作过程中出现的利益冲突，并通过对协作成果的评估和监督，确保智能财务转型项目的高效推进。

（二）协作机制的运行方式与保障措施

在明确协作机制和角色定位的基础上，高效的协作机制运行要建立科学的沟通方式、问题解决流程，以及激励措施。协作机制的运行效果直接影响智能财务转型的效率和成效，因此企业要通过完善的管理手段，确保跨部门协作的顺畅进行。

沟通方式是跨部门协作机制运行的基础，由于不同部门之间的工作语言、思维方式和目标存在差异，因而企业要通过建立统一的沟通平台和规范化的沟通流程，促进信息的高效传递。在沟通过程中，企业还须特别关注跨部门语言的"翻译"问题，例如，将财务需求转化为IT部门易于理解的技术语言，避免因理解偏差导致的协作效率下降。

问题解决流程是保障协作机制高效运行的重要手段，在智能财务转型过程中，不同部门的利益诉求和优先事项存在冲突，如财务部门的功能需求与IT部门的技术实现能力之间的矛盾。为了应对这一问题，需建立清晰的问题解决流程，包括问题的发现、上报、分析和决策等环节。

激励措施是促进协作积极性的关键因素,由于跨部门协作涉及额外的工作量和责任,企业需要通过合理的激励机制提升各部门的参与意愿。将跨部门协作的成果纳入绩效考核体系,对在协作中表现突出的团队或个人给予奖励。企业还需要通过文化建设提升协作的内在驱动力,如通过宣传智能财务转型对企业整体价值的贡献,增强各部门对协作的认可与支持。

跨部门协作机制的建立是智能财务转型成功的组织保障,其核心在于通过明确的结构设计与高效的运行方式,整合各部门的资源与能力,推动智能财务系统的全面落地。在结构设计中,明确财务部门、IT 部门、业务部门和管理层的角色定位,为协作机制的高效运行奠定基础;在运行方式上,通过建立科学的沟通方式、问题解决流程和激励措施,确保协作机制的顺畅推进。通过高效的跨部门协作机制,企业不仅能够有效应对智能财务转型中的复杂性和挑战,还能够实现技术与业务的深度融合,为企业的整体管理效率和决策能力提升提供坚实的保障。

三、员工技能提升与培训体系

在企业智能财务转型过程中,技术和系统的升级固然重要,但最终能否成功实施、落地并发挥成效,很大程度上取决于员工的技能水平与适应能力。智能财务的核心在于技术与业务的深度融合,而这一融合需要具备复合技能的员工团队作为支撑。员工技能提升和培训体系是企业实现转型的重要保障,通过系统化的培训和能力建设,帮助员工掌握智能化系统的操作技能,理解技术背后的业务逻辑,并适应由智能化带来的岗位职责和工作模式的变化。培训体系的设计与实施,不仅影响转型项目的短期推进成效,还关系到企业长期的组织能力与竞争力。

(一)员工技能提升的核心方向

技能提升的核心在于帮助员工适应智能财务转型对岗位能力的全新要求,与传统财务管理模式相比,智能财务对员工的技术操作能力、数据分析能力和跨职能协作能力提出更高的要求,因此技能提升的设计需要从多维度出发,满足不同岗位的实际需求。

技术操作能力是技能提升的基础要求,随着智能财务系统的普及,许多传统的财务工作,如账务处理、数据对账和报表编制,已经逐步被自动化工具所取代。

员工能够熟练使用新系统的功能模块,并快速适应技术更新。企业通过岗位分析明确各类技术工具的使用场景,并围绕具体业务流程设计专项培训。预算管理模块的操作培训需要覆盖预算编制、执行监控和偏差分析等具体环节,而报表生成模块的培训则需要结合实际业务数据进行操作演练,以确保员工能够在日常工作中高效运用系统功能。

数据分析能力是技能提升的核心方向,智能财务的本质是通过数据驱动的方式优化企业的决策支持,因此员工需要具备较强的数据理解与分析能力。不仅包括对财务数据的基本处理能力,还须能够结合业务数据,发现潜在的经营问题并提出解决方案。数据分析能力的培养可以通过工具培训和案例分析两种方式相结合进行,工具培训重点教授员工如何使用数据分析软件和智能财务系统的分析模块,而案例分析则以企业实际经营场景为基础,帮助员工理解数据与决策之间的关系,提升分析结果的应用能力。

跨职能协作能力是技能提升的重要补充,在智能财务转型中,财务部门不再只担负着一个孤立的支持性职能,还需要与技术、业务和运营部门紧密协作。员工能够理解其他部门的需求和语言,并在跨部门团队中发挥财务专业优势。企业通过模拟跨职能协作场景,帮助员工掌握跨部门沟通技巧,提升协同解决问题的能力。

(二)培训体系的设计与实施要点

培训体系的设计需要立足于企业的实际需求和员工的技能现状,确保培训目标明确、内容系统完整并具有可操作性。实施过程中,企业应通过多样化的培训方式和科学的效果评估机制,确保培训工作能够达到预期目标。

培训目标的明确性是体系设计的前提,企业在设计培训体系时,围绕智能财务转型的整体目标,细化各岗位的能力要求,并将其转化为具体的培训目标。对于财务数据分析岗位,设定"能够独立完成基于系统数据的预测分析并提出优化建议"的目标;对于技术支持岗位,设定"能够协助财务团队解决常见系统故障"的目标。通过明确的目标设定,确保培训内容的针对性和实用性,从而避免资源的浪费。

培训内容的系统性是体系设计的关键,企业在培训内容的安排上,结合理论与实践，既涵盖智能财务的基本概念和技术原理，又涉及具体工具的操作方法和实际应用场景。基础课程围绕智能财务的概念、功能模块和实施路径展开，帮助员工全面了解智能化转型的背景与意义；而进阶课程则可以结合岗位需求，提供针对性更强的技能培训，如机器学习在预算预测中的应用、区块链在财务合规中的实践等。

培训方式的多样化是实施的重点，由于不同员工的学习风格和技能水平存在差异，企业采用多种培训方式，以满足多样化的需求。在线学习平台可以为员工提供灵活的学习时间和丰富的资源库，而线下培训课程则可以通过现场操作和互动教学，提升员工的学习效率。通过模拟演练和实操项目，企业还可以帮助员工将所学的知识应用到实际工作中，从而提高培训的实际效果。

效果评估机制是培训实施的保障，为了确保培训工作能够达到预期目标，企业需要通过科学的评估机制，对员工的学习效果进行持续监测和反馈。评估机制可以包括知识测试、技能操作考核，以及工作表现跟踪等多种形式。通过评估，企业能够发现培训过程中的不足之处，并据此优化培训内容和方式。企业还可以将评估结果与员工的绩效考核挂钩，激励员工在培训中投入更多精力，以提升学习效果。

员工技能提升与培训体系是智能财务转型的核心保障，通过明确技能提升的核心方向和科学设计培训体系，企业能够帮助员工快速适应转型需求，推动智能财务的成功落地。在技能提升方面，技术操作能力、数据分析能力和跨职能协作能力是三大重点方向；在培训体系的设计与实施中，明确的培训目标、系统的培训内容、多样化的培训方式，以及科学的效果评估机制是保障体系有效性的关键。通过扎实的技能提升与培训工作，企业不仅能够为智能财务转型培养一支高水平的员工队伍，还能够推动组织能力的整体提升，从而在快速变化的市场环境中保持竞争优势。

第三节　智能技术的选型与应用

一、财务管理软件的选型要素

在智能财务转型过程中，文化建设是一项不可忽视的关键环节。相比于技术、流程和系统的优化，文化建设更注重员工思想、价值观和行为模式的引导与转变。智能化转型不仅带来工作方式的改变，还对企业组织文化提出全新的要求。无论是推动智能技术的落地，还是促进业务与财务的深度融合，都离不开一种开放、创新和协同的文化氛围的支撑。通过文化建设，企业能够激发员工的主动性与创造力，增强对变革的适应能力，并为智能化转型提供内在驱动力。智能化转型中的文化建设，不仅是软性保障，还是硬性需求，它贯穿于转型的每一个阶段，决定着转型能否深入推进并取得长久成效。

（一）开放与创新文化的塑造

开放与创新是智能化转型中最重要的文化特质之一，智能财务的核心在于突破传统的管理模式，将新技术、新思维融入财务管理中，这一过程要求企业的组织文化必须具有开放性，以接纳外部的技术变革与内部的流程重构。创新文化能够激发员工主动思考和实践新技术，为智能化转型提供持续的动力。

开放文化的塑造需要从企业领导层开始，管理者作为文化的引领者，对智能化转型持有积极的态度，并以身作则，拥抱新技术和新理念。通过公开表达对变革的支持，管理者能够传递一种开放的价值观，从而引导员工逐步改变对传统工作的依赖和对新技术的抵触。企业还需要通过信息透明化的方式，为员工提供参与转型的机会。在智能财务系统的设计与实施阶段，企业可以通过跨部门协作和公开讨论的方式，鼓励员工从自身的岗位角度提出改进意见，并将意见纳入系统开发的实际考量。

创新文化的形成则需要通过制度和实践的结合，为员工创造发挥创造力的环境。企业设立专项奖励机制，激励员工在日常工作中尝试利用智能技术优化流程或解决问题。对于在预算编制中引入自动化工具的创新实践，通过绩效奖励的方式进行认可。企业还可以通过定期组织创新工作坊、头脑风暴会议等活动，为员工提供更多展示想法和交流经验的机会。创新文化的关键在于鼓励员工大胆试错，通过持续的学习和实践，不断积累智能化转型的经验和成果。

（二）协作与共享文化的强化

智能化转型的另一个文化基石是协作与共享，在智能财务的运行中，数据的共享性与部门间的协同性决定系统的实际效能。企业在文化层面鼓励各部门和员工之间的协同合作，通过消除组织壁垒，形成更加紧密的团队关系和高效的沟通机制。

协作文化的强化需要从组织结构和沟通方式入手，传统的部门墙往往阻碍智能化转型的推进，因此企业需要在文化建设中强调协作的价值。通过设立跨部门的联合团队，让财务、技术和业务部门在智能系统的设计与优化中共同参与，使团队成员在合作中加深对彼此工作的理解。企业通过培训和实践，帮助员工掌握高效协作的技巧。

共享文化则主要体现在数据和知识的开放性上，智能财务转型依赖于大数据的驱动，而数据的有效应用需要建立在企业内部数据无障碍流通的基础之上。企业通过制度保障数据共享的可行性，同时在文化层面倡导信息透明化与知识开放的理念。技术部门通过知识库分享系统使用的最佳实践，财务部门通过数据平台提供实时的财务动态信息，为业务部门的决策提供支持。通过数据和知识的共享，企业能够实现资源的最大化利用，促进智能化系统与业务流程的深度融合。

（三）学习与适应文化的构建

智能化转型是一个持续发展的过程，企业必须具备较强的学习与适应能力。构建学习与适应文化，能够帮助员工在面对新技术、新工具和新环境时迅速作出调整，并持续提升自身的专业技能与综合素养。

学习文化的构建需要通过持续的知识更新和技能培训来实现，企业定期开展针对智能化技术和系统的专题培训，帮助员工掌握新工具的使用方法和应用场景。在引入智能报表系统后，企业通过一系列实操课程，让员工从数据输入、处理到分析报告生成的全过程中熟悉系统功能。企业还可以通过设立学习小组或导师机制，让员工在工作中实现知识共享与相互学习，从而在团队中营造浓厚的学习氛围。

适应文化的核心在于培养员工面对变化的积极心态，智能化转型不可避免地会对员工的工作方式和岗位职责带来一定冲击，因此企业需要通过文化建设，引导员工以开放的态度看待智能化转型。通过组织专题讨论会、案例分享等活动，企业向员工展示智能化转型的实际价值，并解答他们的疑问与顾虑。管理者需要在工作中为员工提供支持和指导，帮助他们逐步适应新的工作模式，减少因转型带来的心理压力。

　　智能化转型中的文化建设是企业实现长期成功的关键支柱，开放与创新文化的塑造，能够为转型注入持续的动力，鼓励员工接受新技术并积极尝试新方法；协作与共享文化的强化，则通过消除部门壁垒和推动信息透明，为转型提供组织保障和资源支持；学习与适应文化的构建，则通过提升员工的知识储备和适应能力，为企业应对智能化带来的变革提供内在力量。通过文化建设的系统推进，企业能够在智能财务转型中营造全员参与、协作推进的良好氛围，为智能化技术与业务流程的深度融合奠定坚实的文化基础，从而真正实现智能财务转型的目标和价值。

二、技术提供商的评估与合作

　　在企业推进智能财务转型的过程中，选择合适的技术提供商至关重要。技术提供商不仅要提供必需的软件和硬件支持，还要在实施过程中提供深度的技术服务和支持，确保系统的顺利落地和运营。如何评估和选择适合的技术提供商，成为企业成功转型的关键之一。企业在进行技术选型时，需综合考虑技术成熟度、服务能力、行业经验以及创新能力等多个维度，以确保所选技术提供商能够满足长期发展的需求。

（一）技术成熟度与创新能力的评估

　　技术提供商的技术成熟度是评估过程中的首要因素之一，成熟的技术平台能够为企业提供更加稳定的支持，避免在实施过程中因技术问题导致的不必要风险。评估技术成熟度时，企业关注供应商的技术研发历史、技术演进轨迹及市场表现。

　　仅依赖技术成熟度并不足以应对未来的挑战，随着智能财务的快速发展，技术创新能力变得尤为重要。企业在选择技术提供商时，关注其在智能财务领域的创新投入，特别是在人工智能、大数据、机器学习等前沿技术方面的应用。创新能力强的技术提供商，能够为企业提供具有前瞻性的技术方案，并在未来的数字化转型中提供更加灵活的支持。

技术成熟度与创新能力的评估，不仅要通过供应商过去的表现来判断，还要对其未来的技术发展战略进行深入分析。一个具备持续创新动力的技术提供商，能够在变化的市场环境中始终保持竞争力，从而为企业提供更加符合未来需求的解决方案。

（二）行业经验与实施能力的评估

在智能财务的实施过程中，行业经验和实施能力是评估技术提供商的重要标准。具备丰富行业经验的技术提供商，通常能够更加深入地理解企业的业务需求，从而提供更加契合的解决方案。不同的行业有其特定的财务管理需求，企业在选择技术提供商时，需要考虑供应商在相似行业中成功的案例和经验的积累。

行业经验丰富的技术供应商，通常能够通过快速识别行业痛点和挑战，为企业提供定制化的智能财务解决方案。在制造业中，企业的财务管理不仅要处理账务，还要考虑生产成本、库存管理等特殊需求。供应商在这一领域的经验，能够帮助企业更好地应对这些挑战，并提高财务管理的效率。

实施能力是评估技术提供商的重要因素之一。智能财务系统的实施过程通常涉及系统配置、数据迁移、人员培训等多个环节，技术提供商是否具备高效的实施能力，将直接影响系统上线的时间和效果。在评估实施能力时，企业应关注供应商的实施团队是否具备足够的经验和资源、是否能提供定制化的实施方案，以及是否能确保项目的顺利推进。

（三）服务支持与后续维护能力的评估

在智能财务系统实施后，供应商的服务支持和后续维护能力是确保系统稳定运行的关键。企业选择技术提供商时，不仅要考虑初期的实施效果，还要关注供应商在系统运行期间的技术支持能力。系统在实际运营过程中，会遇到各种技术问题和运维挑战，供应商是否能提供及时、专业的支持，将直接影响企业的运营效率和财务管理水平。

服务支持能力包括供应商提供的技术咨询、问题解决、系统升级等方面，优秀的技术提供商，能够在系统上线后，持续为企业提供必要的技术支持，帮助企业解决使用过程中遇到的问题，确保系统的高效运行。供应商的后续维护能力同样重要，随着技术的不断发展，系统需要定期进行优化和升级，确保其能够适应新的业务需求和技术环境。评估供应商的维护能力时，企业应关注其维护团队的技术水平、响应速度，以及维护方案的完善性。

（四）价格与投资回报的评估

价格因素是企业在选择技术提供商时需要考虑的重要方面，智能财务系统的价格通常较高，企业必须合理评估其投入与预期回报之间的关系。高价并不一定意味着高质量，而低价也会隐藏着服务和技术的缺陷。企业在评估技术提供商时，除了关注价格外，还需要综合考虑系统的功能、技术支持、实施服务等多方面因素，确保在预算范围内获得最佳的技术支持。

在进行价格评估时，考虑整个生命周期的投资回报，包括初期的系统投入、后续的运营维护成本，以及系统带来的效率提升、成本节约等方面的回报。选择技术提供商时，企业通过详细的成本效益分析，判断技术投资是否能够带来持续的回报，并确保所选方案具有较高的性价比。

（五）供应商的合作态度与战略契合度

技术提供商与企业之间的合作关系，建立在战略契合的基础上。在评估合作态度时，企业考察供应商是否具备足够的合作精神和支持能力，是否能够与企业共同推进智能财务转型的目标。

供应商的战略契合度也是一个重要评估标准，企业的财务管理目标和发展方向，与技术供应商的战略发展方向保持一致。通过选择具有战略契合度的供应商，确保在未来的发展过程中，双方能够在技术创新、服务支持等方面保持紧密合作，共同推动智能财务系统的持续优化和升级。

选择合适的技术提供商是智能财务转型成功的关键之一，通过综合评估技术供应商的技术成熟度、行业经验、服务支持能力、价格及战略契合度等因素，企业能够找到最符合自身需求的合作伙伴。企业保持理性与务实，避免盲目追求低价或单纯依赖技术的先进性。通过与合适的技术提供商建立长期、稳定的合作关系，企业能够确保智能财务系统的顺利实施，并使其带来的业务效益和管理价值最大化。

三、智能化技术的本地化改造

在智能财务的推广与应用过程中，本地化改造是决定技术成功落地的重要环节。智能化技术往往来源于全球领先的技术框架或解决方案，但每个企业的业务特点、管理模式，以及所在行业的运作环境都具有高度的个性化，直接引进并复制这些技术无法完全满足实际需求。通过本地化改造，将智能技术与企业的业务场景深度融合，成为推动智能财务有效实施的关键。企业必须从技术适配性、流程改造、数据需求等多维度入手，确保技术的本地化改造能够为业务带来实际价值。

（一）技术适配性与业务需求的结合

技术的本地化改造首要任务是实现智能化技术与企业业务需求的深度结合。任何智能化技术的落地都必须围绕企业的核心财务流程展开，而不是单纯依赖技术供应商提供的标准化方案。技术适配性的评估需要从企业现有的业务流程出发，分析技术是否能够满足其特定的功能需求，同时还需关注技术对现有系统架构的兼容性。

在实际应用中，智能化技术的原始设计通常基于特定的行业或市场需求，直接套用这些技术方案会导致功能冗余或不足。本地化改造的核心在于重新梳理技术逻辑，将其功能模块调整为更加契合企业现状的形式。

技术适配性还体现在对地域性政策与法规的支持上，由于不同国家或地区的财务和税务政策存在差异，智能化技术的本地化改造必须确保其符合相关法律法规的要求，避免因技术设计不符导致的合规性风险。

（二）数据整合与治理的优化

数据整合的过程要求企业对不同来源的数据进行统一建模和清洗处理，确保智能化技术在使用过程中能够准确读取和分析数据。数据治理则着重于对数据的安全性、完整性和一致性进行长期维护。在智能化技术的本地化改造中，数据整合与治理不仅是技术层面的任务，更是企业管理体系优化的重要环节。

在数据整合的基础上，企业还需对智能化技术的算法和模型进行调整，以适应本地数据的特点。智能财务系统中使用的算法通常依赖于大数据分析，而本地化改造要求企业对算法的参数设定、模型训练数据，以及输出结果的解释性进行优化，确保智能化技术能够基于真实的业务场景提供准确的分析和预测。

（三）流程改造与人员适应的协同

本地化改造的一个重要目标是将智能化技术深度嵌入企业的核心业务流程中，对现有流程进行相应的优化和重塑。传统的财务管理流程通常以人工操作为主，流程的设计和运行逻辑与智能化技术的自动化特性存在冲突。本地化改造需要企业重新审视其业务流程，梳理出需要优化或重构的关键环节，并结合技术能力进行调整。

在流程改造的同时，企业须关注人员适应问题。智能化技术的引入对传统的岗位职责和工作模式产生较大的冲击，企业在本地化改造过程中应注重对员工的技能培训和意识引导。通过系统性的人才培养计划，企业可以帮助员工快速适应智能化技术的应用，并在新流程中发挥更高的工作效率。

流程改造与人员适应之间具有高度的协同性，改造后的流程通过人员的实际操作来验证其合理性，而员工的技能提升又能够进一步推动流程的优化与完善。

（四）系统稳定性与可扩展性的调整

技术系统的稳定性不仅体现在运行的流畅性上，还包括其对故障的容错能力和对异常情况的处理能力。在本地化改造过程中，企业须结合自身的业务特点，设计出能够应对复杂场景的技术解决方案。可扩展性要求系统具备灵活的架构设计，以便企业在未来能够根据业务需求的变化，快速实现系统功能的升级与扩展。

企业在本地化改造过程中，通过持续的测试和优化，确保系统在不同业务场景下都能保持高效稳定的运行。通过开放性接口和模块化设计，增强系统的灵活性和适配能力，为企业未来的技术升级留出足够的空间。

（五）与企业文化和管理模式的深度融合

本地化改造的最终目标是实现智能化技术与企业文化和管理模式的深度融合。智能化技术的落地并不仅是技术层面的变革，还是企业管理模式和运营理念的一次全面革新。本地化改造需要充分考虑企业的文化特点和管理风格，确保技术的应用能够与企业的整体运营目标相一致。

在本地化改造过程中，企业通过深入沟通和调研，明确各级管理者和员工的实际需求，并将其纳入改造方案中。技术的应用应该服务于企业的管理目标，而不是单纯追求技术本身的先进性。与企业文化和管理模式的深度融合，不仅能提高智能化技术的应用效果，还能进一步推动企业的整体数字化转型。本地化改造的成功，需要技术、流程和文化的全方位协同，共同为企业创造更大的管理价值。

智能化技术的本地化改造是推动智能财务落地的关键环节，通过技术适配性与业务需求的结合、数据整合与治理的优化、流程改造与人员适应的协同、系统稳定性与可扩展性的调整，以及与企业文化和管理模式的深度融合，企业可以实现智能化技术的全面落地和价值释放。本地化改造不仅是一项技术工程，更是一项涉及企业管理、运营和文化的综合性变革。企业在实施本地化改造时，以务实的态度和系统化的方法论，确保技术能够真正服务于企业的业务需求和战略目标。

四、实施中的常见问题及解决方法

智能财务系统的实施是一项复杂的系统工程，涵盖技术、业务流程、管理模式，以及人员协调等多个维度。在实施过程中，由于涉及的环节众多、技术方案复杂以及企业内部协调需求较高，常常会出现各种问题，这些问题直接影响到系统的成功落地和实际应用效果。如何在实施过程中识别潜在的问题并快速解决，是智能财务项目顺利推进的关键环节。

（一）需求不清导致实施偏差

需求不清导致的问题通常表现为功能冗余或缺失，不仅增加系统开发的复杂性，还在上线后造成资源浪费或使用困难。为避免这一问题，企业在项目启动阶段，应组织多部门协同参与需求分析，深入了解各部门的业务痛点和目标。引入专业的咨询机构或实施团队，帮助企业将模糊的需求转化为清晰的技术方案，从而避免实施偏差。

需求不清还导致系统的用户体验不佳，解决这一问题须在实施过程中持续与最终用户保持沟通，并通过迭代开发的方式，逐步验证功能的合理性和实用性，以确保系统真正符合业务需求。

（二）数据质量问题影响系统效果

数据质量问题的产生通常与企业历史数据管理不规范、不同系统之间数据标准不一致有关。企业需要在系统实施前进行全面的数据清洗和整合工作，包括对数据的标准化处理、缺失数据的补充，以及历史数据的质量审查。建立统一的数据标准和治理框架，为智能财务系统提供高质量的数据基础。

企业还需要在数据管理流程中引入监控机制，确保在系统运行过程中数据的持续准确性和一致性。设计完善的审计和校验流程，有效发现并纠正数据质量问题，从而保障系统的长期使用效果。

（三）跨部门协调不足阻碍实施进程

智能财务系统的实施涉及多个部门的协同工作，包括财务、信息技术、人力资源，以及业务部门等。在实际操作中，由于部门之间缺乏有效的沟通和协作，常常会出现信息不对称、目标不一致等问题，从而阻碍实施进程。

跨部门协调不足的一个主要原因在于不同部门对系统实施目标和作用的理解存在差异。财务部门更加关注系统的预算管控功能，而业务部门则更关心流程的简化和效率的提升。这种差异如果未能在实施过程中得到充分沟通和解决，则容易导致各部门在需求提出和功能测试阶段出现冲突。

企业在项目启动阶段建立明确的沟通和协作机制，以解决跨部门协调问题，一方面，通过设立专门的项目管理团队，统一协调各部门的需求和资源分配；另一方面，通过定期的项目会议和工作坊，促进各部门对项目目标和实施方案的理解，从而减少冲突和误解。

（四）技术难度过高导致实施失败

智能财务系统的实施涉及多种复杂的技术，包括人工智能、大数据分析、云计算等。这些技术的高难度特性，使得企业在实施过程中面临较大的技术挑战，特别是在技术团队能力不足或外部技术支持不到位的情况下，会导致实施失败或效果不佳。

技术难度问题通常体现在系统集成的复杂性上，企业现有的 IT 系统环境包括多种异构系统，系统之间的数据接口和交互逻辑需要通过技术手段实现无缝对接。如果企业内部技术团队缺乏相关经验，或者外部技术供应商的支持能力不足，都会导致系统实施过程中出现瓶颈。

企业在项目初期对技术需求和难点进行充分的评估，并选择具有丰富经验和成功案例的供应商作为技术支持方。同时引入外部专家团队或与高校、研究机构合作，弥补企业内部技术能力的不足。在实施过程中通过分阶段测试和迭代开发，可以有效降低技术复杂性对项目整体进度的影响。

（五）用户接受度低影响系统使用

智能财务系统的成功不仅取决于技术的实现，还依赖于最终用户的接受和使用。在实施过程中，企业常常面临用户接受度低的问题。这种情况通常源于员工对新技术的抵触情绪、不熟悉系统操作流程，以及对工作方式变化的不适应。

用户接受度低会直接影响系统的使用效果，会导致项目无法达到预期目标。为解决这一问题，企业需要在系统实施的早期阶段就将用户培训和引导纳入项目计划中。通过提供系统操作培训、设计友好的用户界面以及设置专门的用户支持团队，可以帮助员工更快适应新的工作方式。

企业还应通过宣传和沟通，向员工传递智能财务系统的价值和意义，使其认识到技术应用对个人工作效率和企业整体效益的提升作用。文化层面的引导，可以有效提高用户的接受度和参与度，从而保障系统的长期使用效果。

智能财务系统的实施过程中常见问题主要集中在需求不清、数据质量低、跨部门协调不足、技术难度过高，以及用户接受度低等方面。这些问题的存在，不仅会影响系统的实施进程，还会导致项目效果不佳甚至失败。企业在实施智能财务系统时，需要通过系统化的项目管理和科学的解决方案来应对问题。加强需求分析、优化数据管理、建立跨部门协作机制、引入外部技术支持，以及提高用户参与度，企业可以有效应对实施过程中的各类挑战，从而确保智能财务系统的顺利落地与价值实现。

第四节　智能财务系统的持续优化

一、技术更新对系统的影响

智能财务系统作为企业数字化转型的核心工具，其运行效果不仅依赖于初期的系统设计和实施，还深受技术更新的影响。随着人工智能、大数据分析、区块链和云计算等技术的快速发展，智能财务系统需要不断优化，以适应技术迭代和业务需求的变化。技术更新对系统的影响是双重的：一方面，新技术可以提升系统的功能和效率，优化企业管理流程；另一方面，技术更新会带来兼容性问题或系统升级的复杂性，增加企业的运维成本。深入探讨技术更新对智能财务系统的影响，有助于企业在系统优化中做出更为科学合理的决策。

（一）提升系统功能与业务价值

技术更新为智能财务系统的功能提升和业务价值的挖掘提供了重要支持，随着技术的发展，智能财务系统可以引入更先进的算法和分析工具，从而提高数据处理的效率和准确性。人工智能技术的迭代更新，使得系统能够在财务数据的预测分析、风险识别和异常检测中表现得更加智能化和精准化。功能的增强，不仅可以减少人工干预，提高企业的财务管理效率，还可以为高层决策提供更具洞察力的支持。

大数据技术的更新进一步推动了智能财务系统在数据整合和分析领域的突破。通过更强大的数据处理能力，系统可以整合来自多个业务部门的数据源，实现更高层次的财务和业务协同。协同能够帮助企业从财务数据中提取更多与业务绩效相关的洞察，推动财务部门向战略性角色转型。

技术更新还能够使系统适应新的业务场景需求，随着企业运营环境的变化，智能财务系统需要具备更高的灵活性和适应性。通过技术更新，系统可以快速调整和优化其功能模块，以满足不同行业和场景下的业务需求，从而提升企业的整体运营效率和市场竞争力。

（二）增加系统复杂性与兼容性挑战

技术更新在提升系统功能的同时，也会带来一定的复杂性和兼容性问题。智能财务系统通常依赖多种技术的集成，包括数据分析引擎、自动化工具和交互式界面等。

兼容性问题是技术更新中企业必须面对的重要挑战之一，在企业现有的 IT 架构中，不同系统之间存在多种技术接口和数据交换协议，而技术更新会导致这些接口失效或运行效率降低。特别是在智能财务系统需要与 ERP、CRM 等外部系统交互的场景中，任何一个模块的更新都会影响整体系统的协调性。

系统的复杂性也会因技术更新而显著提高，新增的技术功能通常需要更多的计算资源、更复杂的配置流程以及更高的用户操作技能，对企业的 IT 团队和终端用户提出更高的要求。如果企业未能同步优化系统的架构设计和用户培训计划，会导致技术更新的效果大打折扣，甚至引发用户的不满和抵触情绪。

（三）推动系统的架构优化与资源投入

技术更新的实施往往要求企业对智能财务系统的架构进行重新审视和优化。在传统的技术架构中，系统通常基于固定的硬件和软件环境运行，这种模式难以快速适应技术的变化和更新。而随着技术的发展，越来越多的企业开始采用模块化、分布式的系统架构，以提升系统的灵活性和扩展性。

模块化架构允许企业将智能财务系统拆分为多个功能模块，每个模块可以根据需要独立进行更新和优化，而不会对系统的其他部分产生重大影响。架构设计不仅能够降低技术更新的复杂性，还可以帮助企业更有效地分配资源，从而实现更高的投资回报。

技术更新和架构优化也需要企业投入更多的资源，包括硬件升级、技术服务采购和人员培训等方面的成本。企业需要在技术更新的决策过程中，综合考虑更新的成本与预期收益，通过科学的成本效益分析，确保技术更新能够为企业创造真正的价值。

（四）增强系统安全性与合规性

随着智能财务系统在企业中扮演的角色越发重要，其安全性与合规性问题也愈加受到关注。技术更新为系统安全功能的增强提供了机会，但同时也引发了新的安全隐患。新技术的应用增加系统的攻击面，使其更容易受到网络攻击或数据泄露事件的影响。

在技术更新过程中，企业需要对系统的安全策略进行同步优化，特别是在数据加密、用户权限管理和异常行为监控等方面。通过引入先进的安全技术，如基于人工智能的实时威胁检测工具，企业可以提高系统对潜在安全威胁的响应速度和防御能力。

合规性是智能财务系统技术更新的另一个重要方面，在不同国家或地区，财务和数据管理的法律法规不断更新，企业需要确保智能财务系统能够符合最新的合规要求。技术更新过程中，企业需要特别关注系统对数据存储和处理的合规性设计，通过定期审计和测试，确保系统能够满足内部和外部的合规性需求。

技术更新对智能财务系统既是机遇，也是挑战。通过引入先进的技术，系统可以在功能性、效率和业务价值等方面实现显著提升。技术更新也增加系统的复杂性，带来兼容性问题和安全隐患。企业在应对技术更新时，需要从提升系统功能、优化系统架构、增强安全性和合规性等多个维度进行综合考虑，同时注重资源的合理分配和用户的适应性管理。只有在技术更新与企业业务需求之间实现良好的平衡，智能财务系统才能在持续优化中发挥更大的管理效能和战略价值。

二、数据维护与安全保障

在智能财务系统的持续运行中，数据是其核心资产，直接决定系统分析的深度、决策的准确性，以及价值的实现程度。数据的质量和安全性并非一成不变，随着系统的扩展与外部环境的变化，数据面临完整性下降、冗余累积、错误率上升等问题，同时也会因技术漏洞或外部威胁而存在篡改、泄露的风险。数据维护与安全保障成为智能财务系统优化过程中不可忽视的重点，通过建立科学的数据治理机制和完善的安全管理体系，企业可以确保系统在长期运行中维持高效、稳定和安全的状态。

（一）数据质量的监控与治理

数据质量的维护需要企业建立统一的数据标准，财务数据通常来源于不同部门、系统和外部平台，各数据源之间在格式、定义和更新频率上存在差异。通过制定明确的数据管理规范，企业可以确保所有数据源都符合统一的格式和要求，从而减少数据整合过程中的冲突和错误。定期对现有数据进行清洗和校验，也是保证数据质量的重要手段。清洗工作包括删除重复数据、填补缺失值，以及纠正错误数据，从而提高系统的数据利用率。

数据质量监控是一个动态过程，企业需要借助技术手段，对数据的实时性、一致性和准确性进行持续性监控。通过构建数据质量监控指标体系，系统可以及时发现并预警数据异常情况，并采取相应的修正措施。持续性的监控与治理，可以为智能财务系统的分析功能提供更加稳定和可信的数据支持。

（二）数据存储的高效管理

随着企业业务的扩展，智能财务系统的数据量呈指数级增长。数据的积累既是系统优化的资源基础，也是管理的重大挑战。如果数据存储的管理不当，不仅会导致存储成本上升，还会影响系统的运行效率。

数据分级存储是提高存储效率的重要手段，企业根据数据的重要性和使用频率，将数据分为不同的存储级别。核心财务数据可以存储在高性能数据库中，以支持实时分析和快速访问，而历史数据或低频使用数据则可以转移至低成本的存储介质中，从而优化存储资源的配置。

数据存储的管理还需要关注冗余问题，智能财务系统在整合多源数据时，会产生大量重复信息，导致存储空间浪费和检索效率降低。通过引入去重算法和压缩技术，企业可以有效减少冗余数据的存储量，提高系统运行的效率。

在数据存储管理中，还需特别注意数据备份与恢复机制的建立。智能财务系统的数据具有高价值和高敏感性，一旦发生数据丢失或损坏，将会对企业的运营和管理带来严重影响。通过定期备份和快速恢复机制，企业可以确保在发生系统故障或外部风险时，数据能够及时得到保护和恢复。

（三）访问控制与权限管理

智能财务系统的核心数据涉及企业的财务信息、业务运营，以及战略规划等多个关键领域，具有高度的敏感性。未经授权的访问或数据泄露，不仅会对企业的竞争力造成损害，还会引发法律和合规风险。

权限管理的核心在于建立分级分层的访问控制体系，企业根据岗位职责和业务需求，为不同层级的用户分配相应的访问权限，确保数据的使用仅限于必要的范围内。通过引入角色管理机制，在不同业务模块间实现权限的动态调整，避免因权限配置不当导致的风险。

访问控制的技术实现可以通过多种方式进行，强制使用多因素认证，可以有效提高用户访问的安全性；通过日志记录与分析，企业可以实时监控用户的访问行为，及时发现异常访问并采取相应措施。

（四）外部威胁的防御与应对

智能财务系统的数据安全不仅受到内部管理的影响，还面临着外部网络攻击、病毒感染和数据盗窃等威胁。威胁通过多种方式入侵系统，如钓鱼邮件、恶意软件或漏洞利用等，对数据的完整性和保密性构成严重威胁。

企业建立多层次的防御体系，网络防火墙是抵御外部攻击的第一道防线，可以过滤不安全的网络流量,阻止未经授权的访问。结合入侵检测与防御系统(IDS/IPS),企业可以实时监控系统的网络活动,识别并阻断潜在的攻击行为。漏洞管理是外部威胁防御的重要组成部分,智能财务系统中使用的技术组件和应用程序存在潜在漏洞,企业需要通过定期的漏洞扫描和补丁管理,确保系统处于最新的安全状态。通过安全演练和事件响应计划的建立,提高企业应对安全事件的快速反应能力,降低风险发生后的损失。

数据维护与安全保障是智能财务系统持续优化的核心任务,在数据质量监控、存储管理、权限控制和外部威胁防御等方面,企业需要通过技术手段与管理机制相结合的方式,确保系统数据的高效性、完整性和安全性。数据是智能财务系统运行的基础,而系统的优化与发展也依赖于数据的可靠保障。通过持续的维护和安全管理,企业不仅可以提高系统的运行效率,还可以在快速变化的业务环境中保持核心竞争力,为财务管理和决策支持提供长期的、稳固的技术基础。

三、用户体验的持续优化

在智能财务系统的应用中,用户体验的好坏直接决定了系统的接受度和使用效率。智能财务系统需要在功能强大的基础上,保证用户的操作便捷性和交互体验,以满足不同层级用户的需求。用户体验不是固定不变的,其优化是一个动态的过程,需要企业不断根据用户反馈、操作习惯,以及技术发展对系统进行调整和完善。通过持续优化用户体验,智能财务系统能够更加高效地融入企业日常管理流程,并真正发挥其在财务管理和决策支持中的作用。

(一)操作界面与交互设计的优化

操作界面是用户接触智能财务系统的第一层,也是用户体验优化的核心环节。智能财务系统往往功能复杂,涉及数据录入、分析、报告生成等多个模块,如果操作界面设计不够直观,会增加用户的学习成本并降低系统的使用效率。

在优化操作界面时,需要确保界面布局清晰,将核心功能模块进行合理分区,使用户能够快速找到所需的操作路径。在系统中嵌入交互引导功能,如动态提示和任务指引,可以帮助新用户快速上手,降低操作难度。对于频繁使用的功能,可以通过设计快捷操作入口进一步提高其效率。

交互设计的优化可以提升系统的响应速度和用户满意度,通过采用更高效的技术架构和加载方式，减少系统延迟，提升操作的流畅性。通过数据可视化技术将复杂的财务数据转化为直观的表格或图形展示，能够大幅提升用户对数据的理解效率，进一步优化用户体验。

（二）功能配置的灵活性与个性化

智能财务系统的用户群体通常包括企业管理者、财务人员，以及其他部门的支持人员，不同角色对系统的需求各不相同。系统功能的配置若无法灵活满足多样化需求，会影响用户的工作效率。

灵活性体现在用户可以根据自身需求，自定义系统的界面布局、操作流程和功能模块。企业管理者更加关注预算执行情况和财务预测结果，而财务人员则需要更便捷的数据录入和报表生成功能。通过允许用户根据自身岗位需求进行个性化设置，系统能够更好地适应不同用户的使用习惯。个性化还可以通过智能推荐功能实现，智能财务系统可以基于用户的操作记录和业务需求，自动推荐相关功能模块或分析报告。当用户多次生成特定类型的报表时，系统可以优化该功能的操作路径，或者提前生成模板供用户直接使用。

（三）用户反馈的采集与响应机制

持续优化用户体验的关键在于及时采集并响应用户的反馈，智能财务系统的使用过程中，用户的实际体验能够直接反映系统的优缺点，因此建立完善的反馈采集和响应机制是用户体验优化的重要保障。

用户反馈的采集需要覆盖系统的各个使用场景，既包括日常操作中的问题，也包括功能改进的建议。通过在系统内嵌入反馈入口，用户可以随时提交使用过程中遇到的问题。企业还可以通过定期的问卷调查、用户座谈会等方式，了解不同群体对系统的实际需求和体验评价。

采集到的反馈信息需要进行针对性地分析和处理，企业通过设置专门的用户体验团队，快速识别反馈中反复出现的共性问题，并与技术开发团队协作，制订解决方案。对于系统优化的结果，通过更新日志或用户通知的方式及时告知用户，以增强用户的参与感和信任度。

（四）培训与支持服务的完善

用户体验的优化不仅依赖于系统本身的设计和功能，还与用户对系统的熟悉程度密切相关。智能财务系统功能复杂，如果缺乏系统性培训和技术支持，即使功能设计再完善，也会因用户不熟悉而影响使用效果。

企业可以根据用户的角色和需求，设计分层次的培训计划。对高层管理者，培训内容可以聚焦于数据分析和决策支持功能，而对财务操作人员，则需更侧重于系统操作流程的指导。在线培训课程、操作手册和视频教程等多样化的培训形式可以帮助用户更快地掌握系统使用方法。

支持服务的及时性和专业性是用户体验的重要保障，在系统运行中，当用户遇到技术问题时，企业需要提供快速响应的技术支持渠道，如在线客服、服务热线和远程协助等。通过引入人工智能技术，建立智能问答系统，可以实现部分问题的自动化解答，提升支持服务的效率。

用户体验的持续优化是智能财务系统发展的核心目标之一，通过优化操作界面与交互设计，提升功能配置的灵活性与个性化，建立完善的用户反馈采集与响应机制，以及加强培训与支持服务，企业可以显著提升用户对智能财务系统的接受度和使用效率。用户体验的优化不仅能为系统带来更高的使用价值，还能为企业的财务管理和决策支持提供更加有力的保障。在优化过程中，企业始终以用户为中心，结合实际需求和技术发展动态，确保智能财务系统能够持续为用户提供便捷、高效和满意的使用体验。

四、系统升级中的注意事项

智能财务系统的升级是维持系统高效运行、适应业务需求变化的重要环节。系统升级并非单纯的技术操作，而是涉及系统功能的完善、数据的完整性保障、与现有业务流程的兼容性，以及用户的适应度等多个方面。在系统升级过程中，企业需要采取全面的准备工作和科学的方法，确保升级的顺利完成，同时最大限度地减少对业务的影响。

（一）明确升级目标与范围

系统升级前，明确升级目标与范围是确保升级顺利进行的基础工作。如果企业在升级前对目标和范围缺乏清晰认识，会导致资源浪费、功能重复开发或关键问题未被解决等情况。

升级目标通常包括性能提升、功能扩展、技术优化或安全性增强等多个方面，企业根据智能财务系统的当前运行状态，结合未来的业务发展需求，优先解决系统中存在的主要痛点。在明确升级范围时，企业对系统的各个模块进行全面评估，确定需要调整或更新的具体模块和功能。升级范围还应包括对相关硬件、数据库和外部接口的调整需求，确保升级后系统的整体运行环境能够与新功能匹配。

（二）数据完整性与迁移规划

数据是智能财务系统的核心资产，任何系统升级都离不开对数据完整性和安全性的保障。在升级过程中，由于系统结构和功能发生变化，数据迁移往往是一个不可避免的环节。迁移过程中，如果未能妥善处理数据完整性问题，则会导致数据丢失、错误或逻辑混乱。

为确保数据完整性，企业在升级前对系统中的现有数据进行全面清理和备份。清理工作包括删除冗余数据、纠正错误数据，以及统一数据格式，以便在迁移时减少不必要的干扰。数据备份则是为了防止升级失败时造成的不可逆损失，备份方案应包括本地存储和云端存储双重保障。迁移规划是数据完整性保障的关键环节，企业根据升级范围和目标，设计详细的数据迁移方案，明确迁移过程中的步骤和责任分工。在迁移完成后，通过数据校验和比对，确保新系统中的数据与旧系统一致，避免因数据问题影响业务的正常开展。

（三）与现有系统和业务流程的兼容性测试

系统升级会改变现有的技术架构或功能模块，进而影响与其他系统的交互，以及与现有业务流程的适配性。如果兼容性问题未在升级前充分测试和解决，则会导致系统间通信中断或业务流程的运行受阻。

兼容性测试是升级过程中不可忽视的重要步骤，在升级前，企业对现有系统与智能财务系统之间的接口进行全面评估，明确升级对接口逻辑和数据传输造成的影响。ERP 系统、CRM 系统等与智能财务系统的紧密交互需要特别关注，以确保升级后的数据流畅性和功能完整性。

与业务流程的兼容性测试同样重要，企业需要模拟业务实际操作场景，对升级后的系统运行情况进行全面测试，特别是关键财务流程如预算审批、报表生成和数据分析等环节。通过模拟测试，及时发现潜在的问题并进行修正，从而避免升级后对业务的实际影响。

（四）用户培训与适应性管理

智能财务系统的升级往往涉及新功能的引入或操作方式的调整，对用户提出了新的适应要求。如果用户在升级后对系统功能和操作流程不熟悉，则会降低系统的使用效率，甚至出现操作失误。

用户培训需要针对不同用户角色的需求设计内容，对于财务人员，重点培训新功能的具体操作方法和优化后的流程；对于管理者，则更多关注数据分析功能和决策支持工具的使用。通过集中培训、在线学习平台和操作指南等多种方式，帮助用户快速掌握新系统的操作要领。

适应性管理还需要关注用户在心理层面对新系统的接受度，升级过程会带来短期的不适应感，企业应通过充分的沟通和引导，向用户传递升级的价值和意义，缓解用户对新系统的抵触情绪。通过设置试运行期，有助于让用户在实际操作中逐步熟悉新功能和流程，也有助于提升系统升级的整体效果。

（五）升级后的性能监控与问题修正

新系统在正式上线运行后，会暴露出一些潜在问题或不足，这需要企业通过持续的性能监控和问题修正，确保系统能够长期稳定运行。

性能监控是升级后阶段性工作的重点，企业需要通过系统监控工具，对系统的运行效率、数据处理速度，以及功能使用情况进行实时跟踪。监控高峰时段的系统负载情况，可以判断升级是否达到预期的性能提升目标；监控用户使用行为数据，可以发现存在的功能设计缺陷或操作复杂点。

对于监控中发现的问题，企业需要快速响应并制订修正方案。包括通过补丁更新解决技术问题，以及根据用户反馈优化功能设计和操作流程。通过持续的优化，企业将升级的价值最大化，并为未来的系统迭代奠定坚实基础。

系统升级是智能财务系统持续优化的重要环节，但同时也是一项复杂的工程，涉及目标明确、数据迁移、兼容性测试、用户培训，以及升级后性能监控等多个方面。企业在实施升级时，以严谨的态度和科学的方法，确保升级过程中数据的完整性、业务的连续性和用户的适应性。通过全面规划和细致执行，系统升级不仅可以解决现有问题，还能为企业的财务管理注入新的活力，推动智能财务系统更好地服务于企业的战略目标和业务发展需求。

第五章　智能财务的价值体现

第一节　智能财务对企业效率的提升

一、工作流程的自动化优化

在现代企业管理中，财务职能的效率提升已成为企业增强竞争力的重要环节。智能财务通过整合先进技术与管理会计实践，正在深刻改变传统财务管理模式。特别是自动化技术的广泛应用，使得财务工作流程的优化成为可能。通过减少人工干预，提高数据处理的准确性和及时性，智能财务不仅大幅提高了企业效率，还显著降低了运营成本。

（一）减少重复性工作的时间消耗

在传统财务管理模式中，重复性工作占据了大量时间，如手工录入、账单核对与报表编制，这些任务既烦琐又容易出现人为错误，限制财务人员在更高价值活动中的投入。智能财务通过自动化工具和算法，将这些环节进行技术替代。基于人工智能的票据识别系统可以快速扫描并录入海量发票数据，并通过交叉验证减少错误率。企业资源计划系统（ERP）的集成使得不同部门之间的财务数据流转更加高效，无须通过人工传递或重新录入。自动化减少了财务流程中多余的时间消耗，使企业可以更快响应市场需求。

通过优化，财务人员的工作重心逐步从数据处理转向财务分析和决策支持。角色转变不仅提高了企业财务部门的产出价值，也有助于提升管理会计的战略地位。在大规模企业中，效率提升的累积效应更加显著，为企业内部建立了强大的数据支持能力。

（二）提升数据处理的准确性与一致性

财务数据处理的准确性和一致性是确保企业决策质量的重要前提，在传统模式下，数据处理依赖人工操作，容易因不同人员的水平差异或疲劳状态导致失误。跨部门的数据对接不畅，往往进一步加剧数据的不一致性。智能财务通过自动化技术建立了统一的数据处理标准，极大地提高了数据的准确性。自动化报表生成工具可以直接从数据源提取信息，并依据预设的规则生成财务报表，避免人为干预带来的偏差。

智能财务系统通过实时数据分析功能，为企业管理者提供更加透明和一致的数据视图。改进使得管理者可以更快地识别财务异常或业务风险，从而及时调整战略方向。对于跨国企业而言，一致性尤为关键，因为不同国家和地区的财务规则和文化差异往往对数据整合提出更高要求。

（三）降低财务运营的总体成本

通过工作流程的自动化，智能财务显著降低企业在财务运营方面的成本支出。传统财务管理需要大量的人力资源进行账务处理和核算，而任务的自动化可以大幅减少人员需求。基于机器人流程自动化（RPA）的技术可以处理日常的财务核对和应收应付管理，大幅减少人工成本。智能财务系统通过云计算技术提供集中化的财务管理方案，使得企业能够减少对本地硬件和维护的依赖，从而进一步降低技术投入成本。

成本削减不仅体现在直接的开支上，也体现在间接的效率收益中。智能财务使得企业能够以更低的成本完成更多的财务处理任务，同时为关键业务决策节约了时间。优势在高度竞争的市场环境中尤为明显，为企业赢得了更多资源分配的空间。

智能财务通过工作流程的自动化优化，为企业带来了显著的效率提升。技术驱动的变革不仅减少了重复性任务所占用的时间，还通过提升数据处理的准确性和一致性，为企业决策提供更加可靠的支持。自动化的应用显著降低了财务运营的总体成本，使得企业能够将更多资源集中于核心业务领域。通过全面的流程优化，智能财务为企业创造了更高的经济价值，同时也为财务管理的未来发展奠定了坚实的基础。

二、财务信息处理效率的提升

在现代企业管理中，财务信息的处理效率直接影响到企业的经营规模和决策质量。随着企业规模的扩大和业务复杂度的提高，传统的财务信息处理方式因其烦琐和滞后性，难以满足高频次的管理需求。智能财务通过技术手段对信息处理流程进行全面优化，显著提高了处理速度和数据质量。利用大数据分析、云计算和人工智能等技术，智能财务实现了财务信息从采集到分析的全流程高效化，从而为企业的实时管理与战略调整提供了更有力的支持。

（一）优化财务信息采集效率

在传统的财务管理模式中，信息采集往往需要依赖人工输入和表单处理，不仅耗费时间，还容易因主观或技术原因导致数据遗漏或错误。智能财务通过数字化技术，实现对企业内部和外部财务数据的自动采集与整合。物联网设备的使用使得企业能够从采购、库存、销售等多个环节实时采集财务相关数据，而无须手动录入。基于区块链技术的系统能够保证外部交易信息的完整性与可信性，为企业提供高质量的数据来源。

效率的提升显著减少信息采集过程中的时间延迟，使得财务系统能够快速响应业务变化。对于企业而言，优化的采集效率不仅提升了数据的实时性，还为后续数据处理环节奠定了更加坚实的基础。通过减少数据采集过程中的人为干预，智能财务进一步降低了错误率，确保了信息的准确性和可靠性。

（二）加速财务信息分析与报表生成

财务信息处理效率的提升不仅体现在数据采集和清洗环节，还包括对数据的分析与报表生成。在传统财务系统中，分析和报表编制往往需要财务人员手动操作，周期较长，且难以满足企业快速决策的需求。智能财务通过引入自动化分析工具和动态报表生成系统，使财务信息分析和结果呈现的效率得到了显著提高。

智能财务系统能够根据业务规则和数据逻辑，自动生成预测性分析结果或关键性财务指标，为企业管理层提供更具前瞻性的决策依据。报表的生成过程不再受时间和人力的限制，企业可以根据实际需求随时生成并共享高质量的财务信息。高效的分析能力显著提高了财务部门的价值输出，使其能够更好地服务于企业的战略发展。

（三）支持多维度财务信息的实时监控

智能财务不仅提升了信息处理的效率，还改变了企业对财务信息的监控模式。在传统模式下，财务信息的监控通常以月度、季度或年度为周期，难以及时反映动态变化；而智能财务通过实时监控技术，使企业能够对关键财务指标进行实时追踪和分析。通过可视化的仪表盘系统，管理者实时查看企业的收入、成本、利润等核心指标，及时发现异常波动或潜在问题。

实时监控能力的实现，得益于智能财务对数据采集、整合和分析效率的全面提升。企业通过实时监控，不仅能够优化资金流动，还能快速识别风险并采取措施。实时监控方式极大地增强了财务信息的可用性和实用性，为企业日常运营提供了更加可靠的数据支持。

财务信息处理效率的提升，是智能财务变革的重要成果之一。通过优化信息采集效率及加速数据分析与报表生成过程，智能财务显著改善传统财务管理模式的不足。智能财务通过实时监控功能，使企业能够更高效地利用财务信息资源，提高运营管理的灵活性和精准性。凭借技术改进，企业在日益激烈的市场竞争中，能够更加高效地做出数据驱动的决策，并将财务管理提升到一个全新的高度。

三、决策支持的实时响应能力

在企业管理中，决策支持的效率与精准性直接关系到经营成果的好坏。传统的决策支持往往受限于信息获取滞后、数据分析周期过长，以及流程复杂等问题，难以为管理者提供及时可靠的决策依据；而智能财务的出现，通过整合先进的技术手段，显著提高了决策支持的实时响应能力。借助实时数据分析、动态监控和智能预测功能，企业能够迅速捕捉市场变化，精准调整经营策略，从而在激烈的市场竞争中抢占先机。智能财务使得决策支持不再是被动的分析输出，而是主动的价值创造过程。

（一）实时获取关键财务数据

决策支持的基础在于对财务数据的及时掌握，在传统模式下，财务数据的获取往往需要经历多个环节的汇总和审核，导致信息传递存在滞后性。智能财务通过技术手段构建实时的数据获取体系，使管理者能够在第一时间掌握企业的财务状况。基于云计算和物联网的技术应用，企业可以将生产、采购、销售等业务流程中的财务数据自动化地采集到统一的平台上，并通过实时更新的方式呈现出企业的财务全貌。

实时获取能力，极大地缩短了信息流转的周期，使管理者能够快速判断企业的资金流动情况、成本构成，以及盈利能力。高效的数据获取，不仅为企业日常运营提供了有力支持，也为管理层的战略决策奠定了坚实的数据基础。通过实时掌握财务动态，企业能够更灵活地应对内外部环境的变化。

（二）动态分析提升决策质量

单纯的数据获取并不足以满足企业复杂决策的需求，对数据的深入分析是关键环节之一。传统分析方式通常依赖于静态数据的报表化处理，无法动态反映企业运营中的变化。而智能财务借助大数据分析和人工智能算法，实现数据分析的动态化与智能化。通过多维度的数据建模，系统可以对财务数据进行实时挖掘，揭示数据背后的规律和趋势，从而为管理者提供更加精准的决策依据。

智能财务系统还能够结合企业历史数据和行业基准，进行横向和纵向的对比分析，为企业识别潜在风险和发展机会提供支持。通过动态分析，企业可以快速判断成本支出的合理性、预算执行的偏差以及盈利能力的变化。高效的分析能力，不仅提高了决策支持的科学性，也在很大程度上降低了决策失误的风险。

（三）智能预测优化资源配置

除了数据获取和分析，决策支持的另一重要功能在于对未来趋势的预测。传统的财务预测往往基于历史数据进行线性推导，难以全面考虑多种因素的交互影响。智能财务利用机器学习和预测算法，能够对大量的动态数据进行快速处理，并生成多场景的预测结果。企业可以基于销售数据、市场变化，以及成本结构，实时预测未来的资金需求和收入波动，从而提前制定应对策略。

预测能力在资源配置中表现尤为突出，通过智能预测，企业能够更准确地判断不同部门或业务单元的资金需求，并据此优化资源分配。在市场需求快速变化的情况下，企业可以根据实时预测结果，优先配置资金到高回报的业务领域，从而最大化投资收益。基于智能预测的资源配置模式，使企业的资金使用效率得到了显著提升。

决策支持的实时响应能力是智能财务的重要特征，也是其提升企业效率的核心所在。通过实时获取关键财务数据、动态分析提升决策质量，以及智能预测优化资源配置，智能财务为企业的高效管理提供全方位的技术支持。以数据为驱动、以技术为依托的决策支持模式，使企业能够更加敏捷地应对内外部变化，从而在激烈的市场竞争中占据有利位置。智能财务不仅改变了传统的决策支持方式，也为企业管理会计的新范式注入了新的活力。

四、运营效率的综合提升

在现代企业的经营活动中，运营效率的高低直接决定资源的利用水平和市场竞争力。传统财务管理因流程烦琐、响应滞后等问题，往往难以匹配企业动态发展的需求。而智能财务通过全面优化财务管理的流程、技术和模式，在降低成本的同时，提升企业整体运营的效率。通过技术手段将财务管理嵌入企业运营的各个环节，智能财务实现信息流、资金流和业务流的高效联动，构建运营效率的综合提升体系，为企业在复杂多变的市场环境中创造了更大的价值。

（一）强化资金流动的效率

资金是企业运营的核心资源，其流动效率直接影响到业务开展的顺畅性和扩张能力。在传统财务管理模式下，资金流动通常需要通过多层级审批和人工处理，不仅效率低下，还容易因信息滞后导致决策错误。智能财务通过应用智能审批流程和实时资金监控技术，使企业能够对资金流动进行全面优化。智能支付系统能够根据资金使用计划和业务需求，自动完成付款和清算流程，减少了人为干预的时间成本。

智能财务还通过动态资金管理模型，使企业能够精准预测未来的资金需求，并实时调整资金分配。优化方式不仅提升了资金使用效率，还有效降低了流动性风险。通过加强资金流动的透明性和可控性，企业可以更高效地完成业务扩张和战略部署，实现运营效率的显著提升。

（二）优化业务流程中的财务支持

在企业的日常运营中，财务管理与业务流程的衔接程度往往影响到整体效率。传统模式中，财务部门通常处于业务流程的末端，数据传递缓慢且支持不足，容易导致运营环节中的效率损失。智能财务通过将财务功能嵌入业务流程的关键节点，实现了财务管理与运营活动的深度融合。在供应链管理中，智能财务系统可以实时监控采购成本、库存资金占用，以及供应商账期情况，从而为采购策略的优化提供及时支持。

智能财务通过自动化报表和实时数据分析功能，使业务部门能够快速获取所需的财务信息，避免传统模式下的冗长沟通和等待过程。深度的流程优化，使得企业能够更高效地完成从原材料采购到产品销售的全链条业务活动，同时也为运营中的成本控制和效益提升提供了数据支持。

（三）提升跨部门协同效率

企业的运营效率不仅需要依赖于单一部门的优化，还需要各部门之间的高效协同。在传统管理模式中，财务部门与其他业务部门之间的协同往往受到信息孤岛的阻碍，导致沟通成本高、数据共享效率低。智能财务通过搭建统一的财务信息平台，实现跨部门的数据无缝对接和实时信息共享。基于云计算的财务系统能够整合生产、销售、物流等多方面的数据，为各部门提供统一的财务视角。

跨部门协同的提升，不仅减少重复性的数据录入和传递流程，还使得各部门能够基于同一套财务数据制定运营策略。这种协作方式显著降低了企业内耗，提高了整体运营效率。智能财务系统还支持分布式管理模式，使不同地域的部门能够实时协作，进一步增强了企业的运营能力。

（四）推动财务流程的精益化管理

智能财务的另一个核心价值在于对财务流程的精益化管理，传统财务流程中，由于环节冗余和流程复杂，往往存在资源浪费和效率低下的问题。智能财务通过自动化工具和智能算法，对财务流程中的低效环节进行优化，构建更加精简、高效的管理模式。在应收账款管理中，智能财务系统可以自动匹配客户付款信息，并生成账龄分析，帮助企业快速识别拖欠风险并采取应对措施。

通过精益化管理，企业能够大幅减少财务流程中的时间和资源浪费，同时提升服务响应的速度。改进不仅降低了运营成本，还提高了财务部门的整体效率，使其能够为企业提供更高价值的支持。在大型企业中，精益化管理的作用尤为显著，其累积效应为企业的长期发展带来了深远影响。

运营效率的综合提升，是智能财务赋能企业管理的重要成果之一。通过强化资金流动的效率、优化业务流程中的财务支持、提升跨部门协同效率，以及推动财务流程的精益化管理，智能财务为企业创造了全新的运营模式。全面优化不仅使企业能够更高效地利用资源，还为其在竞争激烈的市场环境中赢得了更多的机会。智能财务通过整合技术与管理理念，为企业构建了高效、灵活的运营体系，为管理会计的发展树立了新的标杆。

第二节　智能财务对风险管理的优化

一、智能化风险监控的关键点

企业经营过程中，风险无处不在，包括财务、运营、市场，以及合规等多个方面。传统风险管理模式以静态监控为主，依赖人工分析和事后补救，往往难以跟上快速变化的市场环境，无法有效防范潜在风险。智能财务引入先进的数字化工具，通过实时数据采集、分析和监控，实现了风险管理的智能化转型。在这一模式下，企业不仅能够更快地发现风险，还能精准分析风险来源和影响范围，从而采取针对性措施予以应对，智能化风险监控已成为企业提高风险防控能力的重要路径，智能化风险监控的关键点如表 5-1 所示。

表 5-1　智能化风险监控的关键点

关键点	核心内容	主要作用
实时数据监控体系	通过物联网和云计算实现资金流、成本支出等实时动态监控	提高风险预警的及时性，减少事后补救成本
大数据分析识别风险模式	运用大数据技术建模挖掘潜在风险变量，揭示风险规律	提升风险识别的精准性，发现隐藏风险链条
自动化风控流程优化	系统自动生成应对计划并触发预设的风险管理措施	缩短风险响应时间，确保处理的高效性与一致性
合规风险实时预警	将法律法规与企业流程和数据整合，自动监控合规情况	减少法律和声誉风险，优化合规管理成本

（一）构建实时数据监控体系

风险监控的首要关键点在于及时掌握数据动态，以便迅速识别潜在问题。传统的监控方式以人工审核和定期检查为主，无法实时捕捉风险信息。而智能财务通过搭建实时数据监控体系，打破信息获取的时滞性。依托物联网、云计算和数据可视化技术，企业可以实现对资金流动、成本支出和收入变化的全流程动态监控。

实时监控能力确保企业能够在风险发生的早期阶段采取干预措施，有效降低了潜在损失。实时数据监控还使企业能够对不同行业环境和市场变化进行敏捷调整，从而提高运营的稳定性。通过构建这一体系，企业不仅提升了风险识别的及时性，还实现了从事后反应向事前预警的转变。

（二）运用大数据分析识别风险模式

风险的发生往往并非偶然，而是隐藏在复杂的数据关系中。传统的风险识别方式通常依赖于专家的经验和主观判断，缺乏系统性和科学性。智能财务通过运用大数据分析技术，对海量数据进行建模与挖掘，能够从中发现潜在的风险模式。

基于数据的分析方法显著提高了风险识别的准确性和效率，智能财务系统还能够通过跨部门的数据整合，识别风险的联动效应。销售数据中的异常与客户信用风险相关，而采购成本的波动反映供应链中的潜在风险。多维度的风险模式识别，为企业的全面风险管理提供了更加科学的依据。

（三）自动化风控流程的优化

风险管理的效果不仅取决于风险识别的准确性，还依赖于应对措施的及时性与有效性。传统的风险处理流程通常存在响应时间长、审批环节多等问题，容易错失最佳的干预时机。智能财务通过自动化风控流程的优化，使风险处理更加高效和精准。当系统监测到应收账款中的逾期付款趋势时，可以自动生成催款计划并通知相关部门，同时根据风险等级调整信用政策。

智能财务还可以通过智能合约技术，在风险事件发生时自动触发预设的应急措施。在汇率异常波动时，系统能够立即执行避险策略，如锁定远期汇率合同或调整外汇头寸。自动化的风控流程减少了人为干预带来的不确定性，使企业能够在复杂的环境中更加从容应对各种风险挑战。

（四）加强合规风险的实时预警

在全球化和数字化的背景下，企业面临的合规风险日益复杂。不同国家和地区的法律法规变化频繁，传统的手工检查和人工分析难以全面覆盖潜在的合规风险。智能财务通过将法规要求与企业内部流程和数据相结合，构建实时的合规风险预警体系。系统可以根据实时更新的税法政策，自动对企业的税务数据进行审核，并在发现不符合规定的情况下发出警报。

预警体系还可以根据行业特点和企业运营模式进行定制化配置，如为金融企业监测反洗钱风险，为跨国公司监控国际贸易合规风险等。通过将技术与合规管理深度融合，智能财务帮助企业在复杂的合规环境中降低了法律和声誉风险，同时减少合规成本。基于实时预警的管理模式，使企业能够更加高效地满足合规要求，从而专注于核心业务的发展。

智能化风险监控是智能财务在企业管理中的重要应用之一，通过构建实时数据监控体系、运用大数据分析识别风险模式、优化自动化风控流程以及加强合规风险的实时预警，智能财务显著提升企业的风险管理能力。技术驱动的风险监控模式，不仅提高风险识别的及时性与准确性，还为风险处理提供更加高效的解决方案。智能化的风险管理使企业能够在复杂多变的经营环境中保持稳定运营，为其长期发展奠定了坚实的基础。

二、数据驱动的风险预警模型

在企业管理中，风险预警的及时性和准确性是降低经营风险的关键；传统风险预警方法往往依赖于历史经验或静态指标，难以应对复杂多变的市场环境和业务场景。智能财务的引入，依托大数据技术和智能算法，建立数据驱动的风险预警模型，为企业提供全面、实时的风险监控手段。基于数据的动态化管理模式，使企业能够快速识别潜在风险并进行前瞻性干预，从而在激烈的市场竞争中获得更强的抗风险能力。

（一）多源数据的全面整合与分析

数据驱动的风险预警模型的基础在于对多源数据的全面整合与高效分析，企业的风险通常来源于多方面的数据，如财务数据、市场数据、运营数据等，但传统管理模式中，数据往往分散在不同的系统中，形成信息孤岛，导致风险预警的延迟和失效。智能财务通过云计算和数据集成技术，将多源数据进行统一整合，为风险预警模型提供了完整的基础数据支持。

在数据整合的基础上，智能财务利用数据挖掘技术，对数据中的隐藏信息和风险信号进行深入分析。通过分析销售数据与市场需求之间的变化规律，提前识别库存积压或供应链中断的风险；通过对财务报表中非正常波动的核对，能够快速发现潜在的资金流动性风险。多源数据的整合与分析，极大地提升风险识别的全面性和及时性，为企业提供了更广阔的风险预警视角。

（二）动态建模的精准风险预测

数据驱动的风险预警模型依赖于动态建模技术，以实现对风险的精准预测。传统风险管理往往基于静态指标，如固定的财务比率或市场波动范围，而指标很难反映风险的动态变化特征。智能财务通过机器学习和动态建模技术，根据历史数据和实时数据的变化规律，构建能够实时更新的风险预测模型。系统可以通过分析企业历史现金流数据，结合当前市场的经济指标，动态调整企业的流动性风险预测模型，从而提供更精准的风险预警。

动态建模的另一个优势在于其自适应能力，智能财务系统能够随着业务环境的变化，自动调整模型参数，以确保预测结果的准确性。在市场环境发生剧烈波动时，模型可以根据最新的数据输入，迅速修正预测结果，为企业管理层提供最新的风险分析。精准的风险预测能力，为企业制定有效的风险应对措施提供了有力支持。

（三）实时预警机制的构建与实施

风险预警模型的关键价值在于实时监控与及时响应，离不开实时预警机制的构建与实施。传统风险预警往往存在滞后性，企业管理者通常是在风险已经发生或扩大时才意识到问题的严重性。智能财务通过引入实时预警技术，能够在风险信号初现时便迅速发出警报，并提供相应的应对建议。当系统检测到企业应收账款的逾期比例持续增加时，系统会自动生成风险报告，提示管理者调整信用政策或加强催收措施。

实时预警机制的有效性，还得益于智能财务系统的可视化能力。通过动态仪表盘和数据图表，企业管理者能够直观地看到风险指标的变化趋势，并快速了解风险的具体来源和潜在影响。以数据为基础的实时预警机制，为企业构建了更加敏捷的风险管理体系，确保企业能够在风险发生前采取具有针对性的措施。

（四）自学习模型的风险优化能力

智能财务的风险预警模型不仅能够识别和预测风险，还具备通过自学习功能不断优化的能力。在传统模式中，风险管理模型的设计通常需要依赖专业人士的经验，并且一旦建立后，难以随着环境的变化及时调整；而智能财务通过引入人工智能技术，使风险预警模型能够自动学习新的数据特征和风险模式。系统可以通过对不同风险事件的历史数据分析，找到更为有效的风险信号和预警方法。

自学习模型的另一个重要特性在于其适应性。在企业进入新的业务领域或面对新的市场环境时，智能财务系统可以通过分析新的数据来源，调整风险监控的重点和参数。优化能力使风险预警模型能够随着企业的发展和外部环境的变化保持高效运转，从而始终为企业提供可靠的风险管理支持。

数据驱动的风险预警模型是智能财务的重要创新应用，通过多源数据的全面整合与分析、动态建模的精准风险预测、实时预警机制的构建与实施，以及自学习模型的风险优化能力，智能财务实现了风险管理的高效化与智能化。这种模式不仅提高了风险识别的全面性和准确性，还通过实时预警与动态调整能力，为企业提供了更加灵活的风险应对手段。在复杂多变的商业环境中，数据驱动的风险预警模型为企业提供了坚实的风险屏障，帮助其稳健运营与发展。

三、内部控制的全面数字化

内部控制作为企业风险管理的重要组成部分，是确保财务信息准确、资源高效利用，以及防范舞弊行为的关键。传统的内部控制体系往往存在覆盖范围有限、执行效率低以及信息滞后的问题，难以满足现代企业复杂多变的运营需求。智能财务通过引入数字化工具与智能技术，使内部控制从静态的、人工驱动的流程模式转变为动态、全方位的数字化管理体系。数字化内部控制不仅提升控制效率和准确性，还为企业管理提供了更加透明和可追溯的操作环境，从而显著增强了风险管理能力。

（一）构建实时监控的内控体系

传统内部控制体系通常依赖于定期审计和事后核查的方式，静态控制模式难以及时识别并应对潜在的风险。智能财务通过实时监控技术，构建覆盖全业务流程的内控体系。企业可以通过部署基于物联网和云计算的监控工具，对采购、库存管理和财务流动等核心环节进行实时跟踪，并将相关数据自动传输至内控平台。

该体系的显著优势在于及时性，系统能够在数据异常或流程偏离预设规则时，立即发出警报并触发纠正机制。当发现采购金额超出预算时，系统会自动暂停流程并提示管理层核实。实时监控能力，避免了因人为疏忽或操作延误导致的风险扩散，同时提高了内控的有效性。

（二）推动内控流程的自动化优化

内部控制的执行效率在很大程度上依赖于流程的规范性和简化程度，传统的内控流程往往烦琐复杂，需要大量的人工干预，增加成本和出错的可能性。智能财务通过将自动化技术嵌入内控流程，对关键环节进行优化，构建更加高效的内控体系。在审批流程中，智能系统可以根据预设规则自动判断交易的合规性，并在符合要求的情况下直接完成审批，而无须人工介入。

自动化优化不仅缩短了内控执行的时间，也减少了人为干预带来的主观性和不确定性。自动化的内控流程还能够确保操作的一致性和透明性，为企业在内部审计和外部监管中提供了更加可靠的数据依据。通过减少重复性和低价值的手工操作，自动化优化使内控人员能够将更多精力投入高价值的风险分析和策略制定中。

（三）提升内控数据的透明度与可追溯性

在传统的内部控制模式下，数据的分散性和记录的不完整性常常导致信息的不透明，增加风险识别的难度。智能财务通过数字化技术的应用，提升内控数据的透明度与可追溯性。企业可以通过区块链技术，对重要的财务和业务数据进行加密存储和实时记录，从而实现全流程的透明化管理。

透明化的数据管理不仅有助于内部控制，还能够满足外部监管和审计的合规要求。企业在进行跨部门数据共享时，区块链技术可以确保数据的真实性和完整性，同时记录数据流转的全过程。高透明度和高可追溯性的内控数据管理模式，为企业的合规性提升提供了强有力的技术支持，并显著降低了违规风险。

（四）强化对高风险领域的精准管控

内部控制的核心目标是对高风险领域实现重点防控，在传统的内控体系中，高风险领域往往由于数据复杂或控制成本过高而成为盲区。智能财务通过智能分析技术和数据建模，对高风险领域的管控能力得到了显著强化。在资金管理方面，智能财务系统能够实时分析资金流动的合理性，并根据异常数据生成风险报告，帮助管理者快速作出决策。

在舞弊防控方面，智能财务通过异常检测算法，能够快速发现内部控制中的违规操作。当系统检测到某员工在非工作时间频繁修改财务记录时，会自动标记异常并触发调查流程。通过对高风险领域的精准管控，企业能够在有限的资源内实现更高效的风险防控，显著降低潜在损失。

内部控制的全面数字化，是智能财务在企业风险管理中的重要应用成果。通过构建实时监控的内控体系、推动内控流程的自动化优化、提升内控数据的透明度与可追溯性，以及强化对高风险领域的精准管控，智能财务显著提高了企业内部控制的效率与效果。以数字化为核心的内控模式，不仅增强了企业的抗风险能力，还为管理层提供了更高效的决策支持。全面数字化的内部控制体系，为企业构建了一道坚实的防线，在复杂多变的市场环境中确保了企业稳健运营与合规发展。

四、外部风险管理的智能化

企业在全球化和数字化的浪潮中，面临着来自外部环境的诸多风险，包括市场波动、供应链中断、政策法规变化以及行业竞争加剧等，传统的外部风险管理方法往往依赖于固定流程与经验判断，难以应对复杂且动态的风险环境。智能财务通过引入大数据分析、人工智能和自动化技术，推动外部风险管理的智能化发展，使企业能够动态监测外部环境变化，并快速调整经营策略。外部风险管理的智能化，不仅提升了企业的防控能力，还显著增强了企业在不确定环境中的抗风险能力。

（一）市场风险的动态监测与应对

市场风险是企业外部风险管理中的重要组成部分，其表现为市场需求波动、原材料价格变化以及金融市场的汇率和利率波动。传统的市场风险管理通常依赖于定期数据分析和人工决策，无法实时反映市场变化。智能财务通过构建基于大数据的市场动态监测系统，实现对市场风险的实时识别和响应。企业可以利用智能系统从全球市场收集实时数据，并结合内部业务数据进行动态分析。

在原材料价格波动的情况下，智能财务系统能够通过预测模型提前分析价格变化趋势，并为采购部门提供调整建议。动态监测能力不仅帮助企业降低因市场波动带来的成本压力，还为其优化采购计划和库存管理提供了支持。通过对汇率和利率变化的实时分析，智能财务能够帮助企业快速制定外汇风险对冲策略，从而有效规避金融市场波动带来的潜在损失。

（二）供应链风险的智能化管理

供应链的稳定性对企业的运营效率和成本控制具有重要影响，供应链通常是企业最脆弱的环节之一，容易受到自然灾害、政治风险，以及供应商能力不足等因素的影响。传统的供应链风险管理主要依赖于事后补救措施，缺乏对潜在风险的前瞻性识别。智能财务通过将区块链技术、物联网和大数据分析技术应用于供应链管理，实现了对供应链风险的智能化监控。

企业可以通过物联网设备实时跟踪供应链中的物流动态，并通过智能财务系统分析供应商的交付能力和信用水平，从而快速发现潜在的供应中断风险。区块链技术的应用使供应链各环节的数据更加透明和可追溯，有助于识别和预防舞弊行为或质量问题。智能化的供应链风险管理，不仅提高了企业应对外部冲击的韧性，还为其优化供应链资源配置提供了技术支持。

（三）政策与法规变化的快速适应

外部政策和法规的变化对企业的经营活动具有直接影响，尤其是在跨国经营和高度监管的行业中，政策风险尤为突出。传统的政策风险管理通常依赖于手工收集和解读法规，效率低下且存在疏漏。智能财务通过构建自动化的法规监测系统和政策分析工具，使企业能够实时跟踪政策变化并快速作出反应。

智能财务系统可以通过自然语言处理技术，从政府公告、行业新闻和监管文件中提取相关法规内容，并自动分析对企业的潜在影响。对于税务政策的调整，系统能够立即对企业的税务数据进行重新计算，并生成优化的税务策略。智能化的政策风险管理，不仅提高了企业应对外部政策变化的效率，还降低了因合规不足而产生的法律和声誉风险。

（四）行业竞争风险的精准监控

在快速变化的市场环境中，行业竞争的加剧是企业不可忽视的外部风险来源。传统的竞争风险管理通常依赖于定期市场调研或竞争对手的公开信息，数据更新滞后且难以形成有效的竞争策略。智能财务通过引入大数据和人工智能技术，实现了对行业竞争风险的精准监控。

智能财务系统能够通过爬取公开市场信息、分析行业报告以及追踪竞争对手的财务数据，实时监测行业内的动态。系统可以对竞争对手的产品定价策略、市场份额变化以及新技术研发进展进行综合分析，并为企业提供调整经营策略的建议。通过精准监控，企业能够在激烈的行业竞争中快速识别机会和威胁，从而保持自身的市场竞争力。

外部风险管理的智能化，是智能财务在企业管理中的重要应用之一。通过市场风险的动态监测与应对、供应链风险的智能化管理、政策与法规变化的快速适应以及行业竞争风险的精准监控，智能财务显著提升企业应对外部风险的能力。以数据驱动、技术赋能的风险管理模式，使企业能够在复杂多变的外部环境中保持稳健运营，并抓住潜在的发展机会。外部风险管理的智能化，为企业的长期发展和竞争力提升提供了坚实的保障。

第三节　智能财务对企业战略的支持

一、战略决策中的财务智能辅助

企业战略决策的制定和实施需要以全面、准确的财务数据为依据，同时还需要综合分析内外部环境的多种因素。传统财务管理模式在支持战略决策时往往存在信息滞后、分析能力有限，以及预测不足的问题，无法满足现代企业对高效决策支持的需求。智能财务通过整合大数据分析、人工智能算法和实时数据采集，为企业战略决策提供了全新的智能辅助模式。通过财务智能的深度应用，企业能够更加精准地分析环境、制定战略，并在复杂多变的市场环境中保持竞争力。

（一）数据驱动的战略环境分析

战略决策的首要任务是对内外部环境进行全面分析，传统分析方法通常依赖于有限的历史数据和人工判断，容易出现偏差或忽视关键变量。智能财务通过整合企业内部财务数据与外部市场信息，构建数据驱动的战略环境分析模型。企业可以利用智能财务系统实时获取行业动态、市场需求变化，以及竞争对手的财务表现，并结合自身的财务状况进行对比分析。

在数据驱动的模式下，企业能够更清晰地了解自身在行业中的竞争地位，并识别影响战略选择的核心因素。当市场需求发生变化时，系统能够通过大数据分析预测未来的趋势，并为企业调整资源配置提供可靠依据。基于实时数据的战略环境分析，不仅提高分析的全面性和精准性，还使企业能够快速适应环境变化，降低战略失误的可能性。

（二）优化资源配置的智能支持

战略决策的核心在于资源配置，传统的资源分配方式往往依赖于管理者的主观判断或简单的历史数据对比，缺乏科学依据。智能财务通过先进的分析算法和模拟技术，为企业资源配置提供了智能化支持。企业利用智能财务系统建立多维度的资源配置模型，根据不同业务单元的盈利能力、市场潜力，以及成本效益进行优化分配。

优化支持还可以细化到具体的战略实施层面，当企业制定新市场的拓展战略时，智能财务系统能够通过模拟不同资源投入场景下的财务表现，提供最优的资源分配方案。智能支持能力，不仅提升了资源利用效率，还确保了战略执行的科学性和可行性，为企业实现战略目标提供了重要保障。

（三）精准预测的战略规划能力

战略规划需要对未来进行预测，而传统的预测方式通常依赖于历史趋势的简单延续，无法有效应对复杂的市场动态。智能财务通过机器学习和预测分析技术，为企业提供了更为精准的战略规划能力。智能财务系统可以通过对历史数据的深度挖掘，结合当前市场环境和政策变化，构建动态的财务预测模型，为企业的长期战略规划提供支持。

精准预测能力在资本投资决策中表现尤为突出，企业在进行大型项目投资时，通过智能财务系统模拟不同经济环境和市场条件下的投资回报情况，评估项目的风险和潜在收益。通过基于智能预测的规划方式，企业能够更加科学地评估战略选择的可行性和潜在影响，从而显著提高战略决策的成功率。

（四）实时反馈的战略执行监控

战略的成功不仅需要取决于决策本身，还需要在执行过程中进行有效监控与调整。传统的战略监控往往采用定期报告的形式，无法及时反映战略执行中的问题。智能财务通过实时数据分析和动态监控技术，为战略执行提供实时反馈机制。企业可以通过智能财务系统实时跟踪关键财务指标的变化，监控战略实施的进展和效果。

实时反馈能力使企业能够在战略执行过程中快速识别偏差并进行调整，当某项战略投入的回报率低于预期时，系统能够自动生成分析报告，指出问题所在，并提出优化建议。基于实时数据的监控机制，不仅提高了战略执行的效率和效果，还显著降低了因信息滞后导致的决策偏差风险。

战略决策中的财务智能辅助，是智能财务在企业管理中发挥的重要作用之一。通过数据驱动的战略环境分析、优化资源配置的智能支持、精准预测的战略规划能力，以及实时反馈的战略执行监控，智能财务为企业提供了全方位的决策支持。这种以技术赋能为核心的决策模式，不仅提高了战略决策的科学性和精准性，还使企业能够更加敏捷地应对市场变化和竞争压力。智能财务的全面应用，为企业在复杂多变的商业环境中赢得了更大的战略主动权。

二、企业资源配置的智能优化

资源配置是企业战略实施的核心环节，其效率与合理性直接关系到企业的竞争力和长期发展。传统的资源配置方式往往依赖于历史数据、管理者经验，以及定期的预算调整，难以在动态变化的环境中实现最优分配。智能财务的引入，通过大数据分析、机器学习和自动化工具，为企业资源配置提供了精准、高效的解决方案。

（一）基于实时数据的资源动态分配

传统资源配置方式受限于周期性数据分析，无法及时反映企业内外部环境的动态变化，导致资源配置滞后或分配不当。智能财务通过整合企业实时财务数据、业务数据和市场环境信息，实现资源分配的动态调整。智能系统能够实时跟踪企业的收入、成本和盈利情况，结合业务部门的实际需求，动态调整资金、人员和物资的分配方案。

基于实时数据的资源动态分配模式，可以帮助企业快速应对市场变化。当某业务部门的市场需求突然增加时，智能财务系统可以立即重新分配预算和库存资源，支持业务扩张。动态调整能力，不仅提高了资源使用的效率，还降低了资源浪费的可能性，为企业在激烈的市场竞争中提供了更高的灵活性。

（二）成本效益的智能分析与优化

在资源配置过程中，成本效益分析是一个关键环节，直接决定资源的投向与使用效果。传统的成本效益分析通常依赖于财务报表和历史数据，缺乏对未来收益的预测能力，容易导致资源配置失误。智能财务通过机器学习和预测模型，对不同资源投入的成本与收益进行智能化分析，为企业提供科学的优化建议。

在投资决策中，智能财务系统可以根据历史投资数据、市场环境和企业战略目标，模拟不同投资方案的回报情况，帮助企业选择最优的资源分配策略。在日常运营中，智能财务还能够识别高成本低效益的业务环节，并提出优化建议。通过分析生产成本与销售数据的匹配情况，系统可以建议减少低效产能，从而释放更多资源支持高效益业务。智能化的成本效益分析，使企业的资源配置更加精准和高效。

（三）多维度资源整合的协同效应

企业的资源配置不仅涉及单一维度的分配，还需要在财务、业务和人力资源之间实现跨部门的协同。传统资源配置模式中，各部门之间的数据孤岛和沟通壁垒往往导致资源分配效率低下。智能财务通过构建统一的资源管理平台，实现多维度资源的整合与协同。企业可以通过智能财务系统将财务数据与生产计划、销售预测，以及人力资源规划进行整合，从而制订更加全面的资源配置方案。

多维度整合的协同效应，显著提升了企业资源配置的效率和灵活性。当市场需求发生变化时，智能财务系统可以自动协调生产、采购和物流等环节的资源分配，确保企业能够快速响应市场需求并最大化产出。协同管理模式，不仅降低了资源配置的内部协调成本，还提高了整体运营效率。

（四）战略目标驱动的资源优化配置

资源配置的最终目的是实现企业的战略目标，而传统的资源配置方式通常难以直接与战略目标对接。智能财务通过将资源配置与企业战略目标紧密结合，构建了以战略目标为导向的资源优化配置模式。智能财务系统可以根据企业的战略规划，分析各业务单元对战略目标的贡献度，并据此分配资源优先级。

战略目标驱动的资源优化配置模式，使企业能够更加清晰地识别资源投入的重点领域。在多业务单元竞争有限资源的情况下，智能财务系统能够自动评估各业务单元的战略重要性和财务表现，为资源分配提供科学依据。以战略目标为导向的资源配置方式，不仅提高了资源使用效率，还确保了企业战略的高效落地。

企业资源配置的智能优化，是智能财务在战略支持中的核心体现之一。通过基于实时数据的资源动态分配、成本效益的智能分析与优化、多维度资源整合的协同效应，以及战略目标驱动的资源优化配置，智能财务显著提升了资源配置的效率和精准性。以数据驱动和技术赋能为核心的资源配置模式，使企业能够在复杂多变的市场环境中更加从容地应对挑战，并实现资源价值的最大化。智能化的资源配置，为企业战略的成功实施提供了坚实的基础，也为企业的长期发展注入了强劲动力。

三、市场预测与战略调整的智能化

在复杂多变的商业环境中，市场的动态变化对企业的战略决策提出了更高的要求。企业需要及时洞察市场趋势并对其战略进行灵活调整，以保持竞争优势。传统的市场预测方式往往依赖于有限的数据来源和人工分析，难以实现对市场变化的准确判断和快速响应。智能财务通过引入大数据分析、人工智能和实时监控技术，为市场预测与战略调整提供了智能化支持。智能化的市场预测不仅能帮助企业精准掌握市场变化趋势，还能使其快速调整资源配置和战略方向，提升在市场中的竞争力。

（一）多维数据整合与趋势分析

市场预测的核心在于对海量数据的整合与趋势分析，而传统分析方法通常局限于单一数据维度，难以捕捉复杂市场变化中的关联因素。智能财务通过整合内部财务数据、行业动态、消费者行为数据和宏观经济指标，构建多维度的市场预测模型。系统可以将销售数据与外部市场需求数据结合，分析消费趋势的变化，从而预测未来的销售增长或下降情况。

通过多维数据的整合与分析，企业能够更清晰地识别市场需求的变化规律和驱动因素。当消费者行为发生改变时，智能财务系统能够快速识别这一趋势，并为企业提供调整产品组合或营销策略的建议。多维度数据的深度挖掘与趋势分析，为企业的市场预测提供了全面而可靠的支持，使其能够更精准地制定战略。

（二）动态建模的智能预测能力

市场环境的快速变化要求企业具备动态预测能力，而传统静态的市场预测方法显然无法满足这一需求。智能财务通过引入动态建模技术，实现了对市场趋势的实时预测。利用机器学习算法，智能财务系统可以根据历史数据和当前市场条件动态调整预测模型参数，确保预测结果的准确性和时效性。

动态建模的智能预测能力，尤其适用于需求波动较大的行业。在零售行业中，智能财务系统可以实时分析节假日促销、天气变化等因素对消费者需求的影响，从而帮助企业提前调整库存和供应链计划。动态预测能力，不仅提高了企业对市场变化的响应速度，还显著降低了库存积压或供应短缺的风险，为企业在竞争激烈的市场中赢得主动权。

（三）实时监控的市场变化反馈机制

市场的变化往往具有突发性和不可预测性，对企业的战略调整能力提出更高要求。智能财务通过实时监控技术，为市场预测和战略调整提供及时的反馈机制。智能系统可以实时监测竞争对手的定价策略、市场份额变化，以及消费者偏好的动态变化，并将信息与企业的财务数据进行整合分析。

实时监控机制使企业能够快速识别市场中的机会和威胁，当竞争对手大幅调整价格时，系统可以根据企业的成本结构和盈利目标生成相应的价格调整建议，从而避免市场份额的流失。实时监控的市场反馈机制，不仅提升了企业的市场敏感度，还为其在复杂环境中实施精准的战略调整提供了技术支持。

（四）数据驱动的战略调整优化

市场预测的最终目的是为战略调整提供依据，而传统的战略调整方式往往缺乏数据支撑，依赖于管理层的经验判断，容易导致偏差或延误。智能财务通过数据驱动的分析技术，使战略调整更加科学和高效。系统可以根据市场预测结果模拟不同战略方案的财务和运营表现，帮助企业评估各方案的可行性和潜在影响。

数据驱动的战略调整优化，在资源分配和风险控制中尤为重要。当市场需求预测显示增长放缓时，系统可以建议企业缩减低效业务的资源投入，并将更多资源分配到增长潜力较大的领域。通过科学的战略调整，企业能够最大化资源利用效率，同时规避风险；优化能力，使企业在应对市场变化时更加从容和精准。

市场预测与战略调整的智能化，是智能财务赋能企业管理的重要体现之一。通过多维数据整合与趋势分析、动态建模的智能预测能力、实时监控的市场变化反馈机制，以及数据驱动的战略调整优化，智能财务显著提升了企业的市场应变能力和战略调整效率。智能化的支持，不仅帮助企业更精准地掌握市场变化，还使其能够以更科学的方式制定和调整战略，在竞争激烈的商业环境中始终保持优势地位。智能化市场预测与战略调整，为企业的持续发展注入了新的动能。

四、企业竞争力的全面提升

企业竞争力的全面提升是所有战略活动的最终目标，体现为资源整合能力、市场响应速度，以及风险控制水平等多个方面。在传统的管理模式下，竞争力的构建往往受到信息滞后、决策效率低下和资源配置不合理的限制。智能财务通过技术赋能，为企业提供了全新的竞争力提升路径。通过数据驱动的决策支持、优化资源配置和全面提升运营效率，智能财务使企业能够更高效地应对市场挑战，并在竞争激烈的环境中持续保持优势。

（一）运营效率的提升与竞争基础的巩固

运营效率是企业竞争力的基础，传统的运营管理模式由于流程冗长、数据分散，往往限制了效率的进一步提升。智能财务通过自动化技术和实时数据处理能力，使企业能够在各个运营环节中实现效率优化。通过智能报表生成系统，财务部门可以实时获取精确的数据支持，为生产、销售和采购等部门提供及时反馈，从而避免信息传递中的延迟和错误。

在这一过程中，智能财务不仅缩短了财务与业务部门之间的沟通周期，还减少了资源浪费，提升了整体运营效率。更重要的是，通过对运营数据的整合分析，智能财务能够帮助企业识别低效环节并提出改进建议。优化能力使企业在运营管理中占据主动地位，从而为其在市场竞争中建立更加稳固的基础。

（二）资源配置优化与竞争重点的明确

企业竞争力的另一个关键因素是资源的合理配置，特别是在资源有限的情况下，如何最大化其效用直接关系到企业的竞争优势。传统的资源分配方式通常依赖经验判断或静态数据分析，难以对资源的使用效果进行动态评估。智能财务通过大数据分析和智能模拟技术，帮助企业优化资源配置，确保资源能够优先流向高价值领域。

在多业务单元的竞争中，智能财务系统可以通过分析每个单元的盈利能力、市场潜力和战略重要性，为管理者提供数据支撑的资源分配建议。通过优化模式，企业能够更清晰地明确竞争的重点领域，并集中资源形成核心竞争力。数据驱动的资源优化方式，不仅提升了企业的资源利用效率，还增强了其应对市场变化的灵活性。

（三）市场敏捷性增强与竞争响应速度的提升

在快速变化的市场环境中，竞争力的一个重要表现是企业对市场变化的敏捷响应能力。在传统模式中，由于信息获取和分析的滞后性，企业往往难以及时调整策略，从而错失市场机会。智能财务通过实时监控技术和动态分析能力，使企业能够更加敏锐地捕捉市场变化。

企业可以通过智能财务系统实时追踪市场动态、行业趋势和消费者需求变化，并根据这些数据快速调整销售策略、定价模型和营销方案。智能财务还可以通过预测分析技术，为企业提供潜在市场变化的预警，帮助其提前制定应对策略。快速响应能力，不仅提升了企业的市场竞争力，还使其能够在行业中占据更有利的位置。

（四）风险管控能力的强化与竞争优势的保障

风险管控能力是企业竞争力的重要保障，尤其是在外部环境不确定性增加的情况下，企业的抗风险能力直接决定其能否在竞争中持续发展。传统的风险管理方式通常缺乏实时性和系统性，容易导致潜在风险的累积。智能财务系统通过实时监控和智能分析技术，显著提升了企业的风险管控能力。

通过对企业内部数据和外部环境的动态分析，智能财务系统可以识别潜在的财务风险、运营风险，以及市场风险，并及时向管理层发出预警。智能财务系统还能够模拟不同风险情景下的企业表现，帮助管理者制订更加全面的风险应对方案。强化的风险管理能力，不仅降低企业在竞争中的不确定性，还为其竞争优势的长期保持提供了坚实保障。

企业竞争力的全面提升，是智能财务赋能企业战略管理的重要目标之一。通过运营效率的提升与竞争基础的巩固、资源配置优化与竞争重点的明确、市场敏捷性增强与竞争响应速度的提升，以及风险管控能力的强化与竞争优势的保障，智能财务使企业能够更加高效地利用资源，快速适应市场变化，并在激烈的竞争中持续保持优势。以技术驱动为核心的竞争力提升模式，为企业在复杂多变的商业环境中奠定了稳健发展的基础，也为管理会计的创新应用提供了全新范式。

第四节　智能财务的社会价值

一、智能财务对行业生态的促进

智能财务的普及和应用不仅对企业内部管理产生深远影响，也在更广泛的行业生态中发挥了重要作用。通过优化资源配置、提升效率和促进数据共享，智能财务推动了行业生态的整合与进步。在这一过程中，智能财务不仅提高了行业内企业的协同能力，还在规范市场竞争、提升整体效率方面发挥了关键作用。作为一种技术驱动的管理模式，智能财务正在为行业生态的可持续发展提供新的解决方案，其价值已经超出了企业本身，延伸到了整个行业体系。

（一）推动行业资源的高效流动

行业生态的健康发展离不开资源的高效流动，而传统的行业资源配置模式往往存在信息不对称、资源分配不合理等问题。智能财务通过大数据分析和实时信息共享，推动了行业资源的透明化和高效配置。在供应链管理中，智能财务能够整合上游供应商和下游客户的财务与运营数据，提供实时的库存、物流和资金流动信息。透明化的信息流动，有助于减少资源浪费并优化各环节的协同效率。

智能财务通过区块链技术构建可信的数据交互平台，解决行业内企业间的信任问题。系统可以通过加密验证，确保交易数据的真实性，从而减少合同纠纷和财务风险。高效的资源流动，不仅提高行业内各主体的运营效率，还增强行业生态的整体活力，为中小企业创造了更加公平的竞争环境。

（二）提升行业内协同效率

行业生态的进步需要各主体之间的高效协作，而传统的协同方式通常受限于技术条件，存在沟通成本高、信息滞后的问题。智能财务通过构建行业内的共享数据平台，显著提升了企业间的协同效率。在复杂的产业链中，智能财务系统可以整合不同企业的财务与业务数据，形成一个实时更新的协同管理平台。这一平台能够帮助行业内企业快速协调资金流、信息流和物流，从而避免因为信息不畅导致的资源浪费或延误。

在跨行业协作的场景中，智能财务还通过大数据和智能分析工具，为不同领域的企业提供个性化的协同支持。智能财务能够根据实时数据分析结果，自动生成最优的合作模式和业务流程建议。高效的协同能力，不仅降低了行业内企业的交易成本，还促进了行业整体效率的提升。

（三）促进行业规范化与透明化发展

行业生态的健康发展需要以规范和透明为基础，但在传统模式中，许多行业存在财务管理不规范、交易流程不透明等问题，不仅阻碍了行业发展，还加剧不公平竞争。智能财务通过技术手段推动了行业的规范化和透明化，基于人工智能的智能审计系统能够对行业内企业的财务数据进行自动化检查，快速发现违规操作或潜在的财务风险。

智能财务还通过区块链技术，为行业构建一个可信的数据记录平台。在金融服务行业，区块链可以确保每笔交易的真实记录，从而为监管机构提供可靠的数据支持。规范化与透明化的推动，不仅提高了行业的整体诚信度，还增强了市场主体之间的信任，为行业生态的长期发展奠定了基础。

（四）推动行业创新与价值创造

行业生态的进步不仅在于优化现有流程，还在于通过技术的引入推动创新和价值创造。智能财务作为一种创新驱动的工具，为行业的技术升级和模式创新提供了新的可能性。在零售行业中，智能财务能够通过实时分析消费者行为数据，为企业设计更精准的营销方案和定价策略，从而提升客户满意度并创造更多价值。

智能财务还通过人工智能技术，为行业内企业提供了智能化的决策支持。在制造业中，系统可以通过分析生产成本、市场需求和供应链动态，为企业提供最优的生产计划和资源配置方案。基于数据和技术的创新能力，不仅增强行业内企业的竞争力，还为行业整体创造了更多经济价值和社会效益。

智能财务对行业生态的促进作用，不仅体现在资源流动的高效性和协同效率的提升上，还在规范化与透明化、创新与价值创造等方面表现出深远影响。通过推动行业内信息共享和技术应用，智能财务为行业生态的健康发展提供了重要支撑，同时也为中小企业提供了更加公平和开放的竞争环境。跨企业、跨行业的协作模式，不仅提升了行业整体效率，还为社会经济的可持续发展注入了新的动力。智能财务的社会价值，正以行业生态为起点，逐步辐射到更广泛的领域。

二、智能财务推动的就业结构变化

智能财务的快速普及正在深刻改变企业的管理模式和运行方式，其技术变革不仅带来了效率提升，也对社会的就业结构产生了广泛而深远的影响。随着自动化、人工智能和大数据在财务领域的深入应用，传统财务岗位的技能需求发生了重大变化，一些重复性和低技术含量的工作正在被智能工具取代，同时也催生了新的岗位需求和职业方向。就业结构的变化，不仅反映了技术进步对社会的重塑能力，也对劳动者的职业发展和教育体系提出了新的要求。智能财务推动的就业结构变化如表 5-2 所示。

表 5-2 智能财务推动的就业结构变化

变化领域	具体变化	影响
岗位数量	核算型、事务型财务岗位减少；分析型、战略型岗位增加	财务人才需求向高技能方向倾斜，传统低附加值岗位逐步被智能化技术取代
技能需求	增加数据分析、技术应用和业务整合能力的需求；减少手工核算技能的依赖	从业人员须掌握智能财务技术工具，综合性和跨领域技能成为核心竞争力
岗位层次	基础岗位（如核算员）减少，中高端岗位（如数据分析师、财务战略顾问）增加	高技能人才需求扩大，企业更加注重财务人员的决策支持和战略贡献能力
行业分布	传统财务密集行业岗位减少，技术驱动型行业（如金融科技、智能平台）岗位增加	财务人才流向新兴行业，传统财务岗位向智能化转型，催生更多技术与财务融合的新角色

（一）传统财务岗位的优化与减少

智能财务的核心优势在于其自动化处理能力，这种能力显著减少对传统财务岗位的需求，特别是涉及重复性操作的岗位。传统的账务核对、报表编制和数据录入等工作，通过智能财务系统可以实现自动化处理。这种变化减少了财务人员在低价值任务上的投入，同时显著提升了数据处理的效率和准确性。

优化与减少直接影响了一些基层财务岗位的需求，如会计助理、出纳等传统岗位的工作量大幅下降。出纳岗位从单一的现金管理转向财务数据核对与风险监控的复合型职责。这种变化要求从业者具备更高的数字化能力和技术应用能力，从而适应新型财务工作的需要。

（二）技术驱动型岗位的增长

智能财务的应用不仅替代了传统岗位的一部分职责，还创造了大量技术驱动型岗位。岗位包括数据分析师、财务系统开发工程师、算法模型设计师等，侧重于技术能力与财务管理的结合。数据分析师运用大数据技术对企业的财务数据进行深度分析，为战略决策提供支持；算法模型设计师则需要根据企业的财务场景，开发具有针对性的智能算法模型，以提升财务决策的效率和精准度。

技术驱动型岗位的增长，直接反映智能财务对技能复合型人才的需求；与传统财务岗位不同，新兴岗位要求从业者不仅具备扎实的财务知识，还需要熟练掌握数据处理工具、编程语言，以及人工智能的基本原理。转型为高技能劳动者提供了更多的发展机会，同时也对教育培训体系提出了新的要求，以培养能够适应这一变化的人才。

（三）跨界复合型人才需求的增加

智能财务的应用不仅限于技术与财务的结合，还推动跨界复合型人才的需求增长。这类人才需要具备财务、管理和行业知识的综合能力，能够将智能财务的工具和技术与企业的实际运营场景深度融合。在智能财务的实施过程中，企业需要懂得技术实施的财务管理者，帮助制定财务系统的需求，并推动系统的落地与优化。

在智能财务驱动的企业战略支持中，跨界复合型人才的作用尤为重要。在制订企业资源配置优化方案时，这类人才能够结合财务数据和业务场景，设计更加科学合理的资源分配策略。复合型能力不仅增强财务管理的战略价值，还为劳动者的职业发展提供了更加广阔的空间。

（四）教育培训与就业适应性的挑战

智能财务推动的就业结构变化，对传统的教育培训体系提出了新的挑战。传统财务教育更多关注理论知识与基础操作技能的培养，无法满足智能财务时代对技术应用与数据分析能力的需求。随着智能财务的普及，教育培训体系需要更加注重实践能力和跨学科知识的培养。高校财务专业可以增设数据科学、编程基础和人工智能应用等课程，以帮助学生适应智能财务的岗位需求。

在职人员也需要通过持续学习来适应就业结构的变化，智能财务的普及要求财务人员不断提升自身的技能，尤其是在数据分析工具、智能系统操作，以及技术实施管理方面。对持续学习能力的需求，使得终身教育与职业培训在就业结构调整中发挥了重要作用，从而推动了劳动者与岗位需求的动态适配。

智能财务推动的就业结构变化，既是技术进步的必然结果，也是社会经济转型的重要体现。通过对传统财务岗位的优化与减少、技术驱动型岗位的增加、跨界复合型人才需求的增加，以及教育培训的适应性调整，智能财务正在重塑劳动市场的结构，为劳动者提供新的职业发展机会。这种变化也对社会提出了更高的教育和培训要求，以确保劳动者能够适应新型就业需求，实现社会资源的高效配置。智能财务的普及不仅优化了企业内部的管理体系，也通过就业结构的调整，为社会的可持续发展注入了新的活力。

三、智能技术在中小企业的普惠作用

随着人工智能、大数据、云计算等智能技术的广泛应用，企业财务管理正经历一场深刻的变革。智能财务不仅能够提升财务管理的效率，还为中小企业的发展注入了新的动能。在中小企业中，由于资源有限、管理能力相对薄弱，智能技术带来的低门槛、高效率、易操作等特性，对其实现财务数字化、优化资源配置具有重要意义。智能技术不仅降低了中小企业在财务管理方面的时间与成本投入，还通过数据驱动和智能分析能力，帮助企业在复杂的市场环境中获得竞争优势。

（一）智能财务降低中小企业财务管理成本

智能技术的普及使中小企业能够以更低的成本获得先进的财务管理工具，传统财务管理需要投入大量资金聘请专业人员，并依赖烦琐的手动操作和纸质记录，这不仅耗时费力，还容易产生错误；而智能财务通过云计算平台和自动化工具的应用，大幅减少了人工操作。智能报销系统能够自动识别发票信息，快速核算报销费用，避免了人工录入的低效与错误。中小企业在部署这些技术时，不需要像大型企业一样承担高昂的硬件设备成本，只需要使用订阅制的软件服务，即可享受智能财务带来的便利。"按需付费"的模式极大地降低了中小企业财务管理的门槛，为其节约资源，使其将更多精力集中于核心业务的发展。

（二）智能技术提升中小企业决策效率

中小企业在决策过程中往往受到数据收集和分析能力的限制，导致管理层无法及时获得可靠的信息支持。智能技术通过数据挖掘和实时分析，弥补这一短板。智能财务工具能够自动整合企业的财务数据与运营数据，生成全面且直观的分析报表。通过人工智能算法对历史销售数据的分析，企业快速识别收入的主要来源以及成本结构的优化空间，从而制定更精准的经营策略。这些工具还能够实时监测企业的现金流情况，为管理层提供及时的预警，帮助企业有效规避财务风险。智能技术通过减少数据分析的复杂性，提高中小企业的决策效率，使其能够在激烈的市场竞争中占据有利位置。

（三）智能技术促进中小企业财务管理合规性

在财务管理中，合规性始终是企业关注的重点，尤其是在中小企业中，由于专业能力有限，财务合规常常面临较大的挑战。智能技术的应用在这一方面表现出了显著的优势。智能财务系统可以根据国家和地区的最新政策法规，自动更新税务管理模块，确保企业的纳税申报符合相关要求。企业可以通过智能税务平台快速生成报税资料，减少手动整理和核对的工作量，降低因操作失误而导致的合规风险。这些系统还能够在会计处理过程中自动审计数据，识别潜在的违规行为，为企业提供风险提示。高度自动化和规范化的管理模式不仅提高了中小企业的财务合规水平，也增强了企业在外部审计中的透明度和公信力。

（四）智能技术优化中小企业内部协作效率

中小企业的财务管理通常需要与其他部门紧密协作，而传统模式下的流程烦琐和信息不对称常常导致效率低下。智能技术在打破部门间的信息孤岛方面发挥了重要作用。通过智能财务系统，企业可以实现财务数据的实时共享，各部门能够基于统一的数据信息协同工作。销售部门在生成订单时，财务部门能够同步获取收入数据，并自动完成相关账务处理。人力资源部门在提交薪酬结算数据后，系统能够自动核算工资并完成支付。全流程的数字化协作显著提高了企业的内部管理效率，减少信息传递中的障碍，使各部门能够更加高效地配合完成工作目标。

（五）智能技术为中小企业创造数据价值

中小企业由于规模较小，数据资源通常被视为一种未开发的资产。智能技术通过大数据分析，将分散的财务数据转化为企业发展的重要决策依据。通过对客户历史交易数据的智能分析，企业可以识别高价值客户群体并进行精准营销，从而提高收益。智能技术还能够帮助企业识别运营过程中的薄弱环节，如库存积压、生产浪费等问题，为企业优化资源配置提供科学依据。基于数据驱动的财务管理模式，不仅提升了中小企业对数据的利用率，也为其实现业务增长提供新的可能性。

智能技术的普及为中小企业的财务管理带来了全新的机遇，通过降低管理成本、提升决策效率、促进合规性、优化协作效率，以及创造数据价值，智能财务为中小企业在竞争激烈的市场环境中提供了强有力的支持。技术赋能的模式，不仅帮助企业克服了资源匮乏的局限，还推动其管理水平的全面提升。智能技术在中小企业中的普惠作用已成为企业数字化转型的重要助力，为其实现高效、规范的财务管理提供了坚实的保障。

四、可持续发展与智能财务的协同

随着全球经济的快速发展和环境问题的日益凸显，可持续发展已成为企业经营管理中不可或缺的重要议题。智能财务作为数字化转型的重要组成部分，正在为企业实现经济效益与社会责任的统一提供技术支持和管理创新。在企业可持续发展战略的推进过程中，智能财务通过数据的深度挖掘、决策的智能支持，以及流程的高效管理，成为推动企业在绿色转型中实现战略目标的重要工具。通过探讨智能财务与可持续发展的协同作用，可以更好地理解其在企业管理实践中的深远影响。

（一）智能财务对企业绿色绩效管理的优化

智能财务通过数字化手段提升了企业绿色绩效管理的精细化水平，基于大数据、人工智能和区块链等技术，智能财务可以对企业的资源消耗、碳排放和环境保护措施进行实时监控与量化分析。精细化的数据支持使企业能够更清晰地了解自身的环境绩效，为改进资源利用效率、优化供应链管理提供科学依据。智能财务通过对历史数据的分析，能够帮助企业预测绿色项目的成本效益，从而更加精准地分配资源，避免资源浪费和重复投资。在政策驱动的背景下，智能财务还可以对环境法规的执行情况进行动态监控，协助企业快速调整运营策略，降低合规风险并提升绿色竞争力。

（二）智能财务在 ESG 信息披露中的作用

环境、社会与治理（ESG）信息披露已成为衡量企业可持续发展能力的重要标准，而智能财务在这一过程中发挥了不可替代的作用。通过数据自动化采集与分析技术，智能财务能够有效提高 ESG 信息的真实性和透明度。一方面，智能财务可以从企业内部的多源数据中提取关键指标，并通过数据清洗、归一化等技术确保数据的准确性；另一方面，智能化的分析工具可以将复杂的数据转换为易于理解的可视化报告，为利益相关者提供全面的 ESG 表现信息。智能财务还通过自然语言处理技术实现 ESG 报告的智能生成，降低了人工编制的成本与时间。智能财务通过对行业基准和同行数据的对比分析，帮助企业识别自身在 ESG 领域的优势与短板，进一步推动企业在可持续发展方面的改进与提升。

（三）智能财务对绿色投资决策的支持

智能财务在绿色投资决策中具有显著的应用价值，其通过智能化的财务分析和风险评估功能，帮助企业更科学地进行投资选择。在绿色投资领域，智能财务能够快速分析投资项目的碳足迹、能源使用效率，以及潜在的环境影响，为企业识别具有高环境效益和经济回报的项目提供数据支持。智能财务可以通过机器学习算法预测绿色投资的长期收益，帮助企业在不确定性较高的环境中作出更具前瞻性的决策。对于多项目组合投资，智能财务还能够模拟不同投资组合的风险收益表现，并优化资金配置策略，以实现经济效益与环境效益的双赢。通过区块链技术的应用，智能财务能够确保绿色投资交易的透明性和可追溯性，为企业建立良好的社会声誉奠定基础。

（四）智能财务助力供应链的绿色转型

在可持续发展目标的驱动下，供应链的绿色转型已成为企业实现环境责任的重要途径，而智能财务为这一过程提供了关键支持。通过物联网和大数据技术，智能财务可以实时追踪供应链中各环节的资源流动与能源消耗，从而帮助企业发现供应链中的高耗能和高排放环节并提出优化方案。智能财务能够通过构建动态的成本模型，评估绿色供应链改造的经济可行性，为企业提供科学的决策依据。在实际操作中，智能财务还能够通过智能合约技术优化供应链的绿色采购流程，确保供应商履行环境承诺。通过对绿色供应链绩效的全面监控与管理，智能财务不仅提升了企业的运营效率，也推动上下游企业共同实现可持续发展的目标。

智能财务在推动企业可持续发展中的作用，体现其技术优势与管理价值的深度融合。无论是在绿色绩效管理、ESG 信息披露、绿色投资决策还是在供应链绿色转型方面，智能财务都以其高效、精准和智能化的特点，为企业在复杂的经营环境中实现经济、社会与环境效益的平衡提供了重要支持。随着企业可持续发展实践的不断深入，智能财务将继续作为重要工具，为企业应对多维度挑战提供有力保障，助力企业迈向绿色与高质量发展的新阶段。

第六章　智能财务的未来趋势

第一节　技术驱动下的智能财务创新

一、人工智能的下一步发展

随着人工智能技术的不断深化，其对智能财务领域的影响正逐步扩展到更高层次的应用。从基础的财务数据处理到复杂的决策支持，人工智能正推动管理会计从传统框架向更高效、更智能的方向转变。在这一过程中，人工智能的新一轮发展将更加关注技术应用的深度整合与功能的多元拓展，进一步释放技术潜力，为企业财务管理提供更大的价值空间。

（一）数据语义理解能力的提升

人工智能的发展正从传统的模式识别和数据分析，向更高级的数据语义理解方向演进。企业的财务数据已从传统的结构化数据扩展到包括文本、语音、图像等在内的非结构化数据。人工智能通过自然语言处理技术的进一步突破，使其能够更精确地理解非结构化数据中的语义内容。这一能力使智能财务系统能够从合同条款、业务沟通记录，以及市场动态等非结构化信息中挖掘出潜在的财务价值。在财务报告生成过程中，人工智能能够快速整合多样化的信息源，形成具备商业洞察力的综合性报告。这不仅提高了财务工作的效率，也增强了管理层决策的精确性。

语义理解能力的提升还使人工智能在异常数据检测和风险识别领域表现出更高的敏感性，当财务数据中存在不一致或潜在风险时，系统可以基于上下文和业务逻辑，精准识别问题并提供解决建议。这一技术突破为智能财务的风险管理注入了新的活力，使其更具前瞻性和可靠性。

（二）决策支持系统的智能化深化

人工智能在智能财务中的应用正在从辅助性工具向主动决策支持系统过渡，通过深度学习和强化学习技术的发展，财务系统能够在动态环境下更好地预测未来趋势并优化决策。主动性表现在预算编制、资源配置，以及成本控制等管理会计的核心领域中。在预算管理中，人工智能不仅能够根据历史数据自动生成预算，还可以实时监控预算执行情况，并在必要时提出调整建议。智能化的预算管理方式，显著提升了企业的资源利用效率。

在资源配置方面，人工智能能够通过分析多个业务维度的数据，动态模拟不同方案的财务影响，为企业提供最优配置建议。系统化的优化过程，不仅节省了传统管理会计中的大量人工计算时间，还在企业整体战略规划中发挥了更为重要的支持作用。随着智能化决策能力的深化，人工智能正在重新定义管理会计的核心职能，为财务管理注入更多主动性与前瞻性。

（三）实时分析与动态响应能力

人工智能的进一步发展还体现在实时分析与动态响应能力的增强上，传统的财务分析通常依赖于静态的历史数据，而人工智能通过融合大数据与云计算技术，使实时财务分析成为可能。在这种模式下，财务管理不再是事后总结性的工作，而是能够实时响应业务变化的动态过程。当企业的经营环境发生变化时，智能财务系统能够即时分析其对财务指标的影响，并提出相应的应对策略。这种实时性使企业能够更快地作出反应，从而在激烈的市场竞争中占据主动。

人工智能的动态响应能力还体现在对异常情况处理和风险应对上，当企业面临市场波动或政策调整时，智能财务系统可以迅速识别潜在的影响，并通过模拟分析为企业提供最优决策路径。这种能力不仅减少了决策的不确定性，也增强了企业在复杂环境中的适应能力。

（四）跨部门协同与智能整合

人工智能在智能财务领域的发展也推动了企业内部的跨部门协同与资源整合，传统的管理会计工作往往局限于财务部门内部，而人工智能的引入使数据在企业各部门之间的共享与交互更加高效。通过打破信息孤岛,人工智能能够整合供应链、销售、生产等部门的数据,形成全景式的企业财务分析框架。在生产与库存管理中,财务系统可以实时获取生产部门的数据,结合市场销售预测,为库存管理提供最优的成本控制方案。跨部门的协同,使管理会计的职能从单一的财务视角拓展到企业全价值链的优化。

人工智能还能够整合外部数据与企业内部信息,提升财务分析的广度与深度。通过分析行业趋势、市场竞争态势,以及政策变化,智能财务系统可以为企业的战略决策提供更具前瞻性的建议。多维度的整合能力,使企业在复杂的商业环境中更具竞争优势。

人工智能的下一步发展正在推动智能财务向更加智能化、精细化和协同化的方向迈进,通过数据语义理解、智能化决策支持、实时动态响应,以及跨部门协同,人工智能为管理会计开辟了全新的发展路径。不仅改变财务管理的技术手段,也重塑了管理会计的核心理念。随着技术的进一步成熟,智能财务将在更深层次上赋能企业管理,成为驱动企业创新与发展的重要引擎。

二、区块链技术的全面应用

区块链技术以其分布式账本、数据不可篡改,以及智能合约功能,在智能财务领域展现了显著的应用潜力。其核心特性不仅能够提升财务数据的透明度与可信度,还能够通过去中心化机制优化企业的财务流程,减少操作风险和中间环节。在智能财务框架下,区块链技术正从传统的支付结算和资产管理扩展到更广泛的领域,包括供应链融资、财务审计和内部控制等。全面应用的趋势为管理会计提供了新的工具与思维方式,也推动了财务管理模式的深刻变革。

(一)数据透明性与可信度的全面提升

区块链技术在财务管理中的应用体现在数据透明性与可信度的提升上,传统的财务管理体系中,数据往往需要多方验证,容易产生信息不对称和人为干预的问题。区块链通过分布式账本技术,将所有财务交易记录以加密方式存储在多个节点中,各节点数据实时同步且无法篡改。这种机制使财务数据的可信度得到了根本性保障,为企业内部和外部的利益相关者提供了可靠的数据基础。

在智能财务系统中,区块链技术的应用有效解决了财务数据的真实性验证问题。在企业的跨境支付业务中，区块链技术能够实时记录支付过程中的每一个步骤，并对交易进行加密验证。透明的记录方式不仅大幅降低了人工核查的成本，还减少了由于数据篡改或信息缺失而导致的财务纠纷。

（二）智能合约驱动的流程自动化

区块链技术中的智能合约功能为企业的财务流程自动化提供了重要支持，智能合约是一种嵌入区块链网络中的自动化协议，能够在满足特定条件时自动执行预设指令。这一特性使财务系统能够将复杂的业务流程转化为自动化操作，大幅提高了流程的效率与准确性。

在智能财务环境中，智能合约的应用覆盖供应链融资、应收账款管理，以及费用报销等多个领域。供应链融资中，智能合约可以将订单信息、付款条件，以及货物交付情况记录在区块链上，当满足既定条件时，系统会自动触发付款流程。这种自动化模式不仅缩短了业务处理的周期，还减少人为干预引发的操作风险。通过智能合约，财务流程的标准化和透明度得以提升，为企业的财务管理带来了深远的影响。

（三）内部控制与财务审计的革新

区块链技术的全面应用还对企业的内部控制与财务审计方式带来了深刻的变革。传统的内部控制通常依赖于人工流程监控和后期审核，不仅费时、费力，还容易出现遗漏或舞弊的风险。而区块链技术的不可篡改性使每一笔财务交易都能被永久记录，所有数据均可溯源且不依赖第三方验证。这一特性使内部控制不再局限于事后审计，而是能够实现实时监控和动态调整。

在财务审计领域，区块链技术同样表现出强大的应用潜力。通过整合区块链记录，审计人员能够直接从分布式账本中获取真实、完整的数据，减少人工核对的工作量，并显著提升了审计效率。基于区块链的自动化审计工具能够实时检测异常交易，为企业提供了更全面的风险管控能力。技术革新不仅提高了财务审计的准确性和及时性，也为企业的风险管理和合规性建设提供了坚实的技术保障。

（四）跨企业协作与财务共享的深化

区块链技术还通过优化跨企业协作和资源共享的方式，推动智能财务体系向更高层次发展。在传统的财务协作模式中，不同企业之间的信息交流往往受到数据格式、传输安全性，以及信任机制的限制，难以实现高效的协同。而区块链技术通过建立共享账本，为企业间的财务数据共享提供了安全可靠的技术框架。这种共享模式使跨企业财务协作更加高效，为供应链上下游企业的财务活动带来了显著改善。

在企业集团内部，区块链技术能够支持财务共享中心的建设与运营。通过区块链网络，集团内各子公司的财务数据能够实时同步，并实现透明化管理。数据共享模式减少了集团内部门之间的信息孤岛问题，为管理会计在企业集团层面的实施提供了技术支持。随着跨企业协作的深化，区块链技术将进一步增强智能财务的协同性和整体效率，为企业创造更多的协同效益。

区块链技术的全面应用正在重塑智能财务的技术架构与业务流程，从数据透明性提升到流程自动化，从内部控制优化到跨企业协作深化，区块链技术为管理会计的发展提供了强大的技术动力。不仅推动财务管理模式的转型升级，也为企业在复杂商业环境中的财务决策提供了新的支持方式。通过区块链技术的深度应用，智能财务正逐步形成以技术为核心的创新体系，助力企业实现财务管理的价值最大化。

三、创新技术对财务工作的颠覆

随着数字化技术的迅猛发展，一系列创新技术正在深刻影响企业的财务管理实践。这些技术包括人工智能、区块链、云计算和大数据分析等，它们不仅优化了传统财务工作的效率，还改变了财务工作的核心职能和价值创造方式。在这种技术驱动的变革中，财务工作正在从单纯的核算和报告角色，向战略支持和价值创造方向转型。创新技术对财务工作的颠覆，不仅体现在工作模式和流程上的优化，还体现在财务职能的重塑与业务协同的加强。

（一）数据采集与分析的全面智能化

创新技术对财务工作的颠覆体现在数据采集与分析方式的根本改变。传统的财务工作通常依赖于人工录入与手工分析，不仅效率低下，还容易因人为因素导致错误的发生。随着人工智能和大数据技术的广泛应用，数据采集和分析过程实现了全面的自动化与智能化。

在智能财务系统中，数据采集通过与企业各类业务系统的深度集成，能够自动获取实时交易信息、运营数据，以及外部市场动态。这种集成不仅减少了财务人员的重复劳动，还确保了数据的准确性和及时性。在数据分析方面，人工智能技术可以快速识别数据中的趋势和异常，通过深度学习模型，挖掘出隐藏在海量数据中的潜在规律。智能化的数据采集与分析能力，为企业的财务决策提供了高效、精确的支持，使管理会计能够更全面地体现企业的真实经营状况。

（二）财务流程的自动化与无缝连接

创新技术的应用极大地推动了财务流程的自动化，并使不同业务环节之间实现了无缝连接。传统的财务流程往往涉及多个步骤和人工操作，包括费用报销、预算编制和会计核算等环节。这些流程不仅耗时长，而且容易因手工操作出现错误或效率低下的问题。而创新技术通过自动化工具和智能工作流，将财务流程从人工驱动转变为系统驱动。

在费用管理方面，人工智能结合光学字符识别技术，可以自动读取报销单据并与系统内的预算数据进行对比，实现快速审核和报销流程的自动化。在会计核算领域，智能机器人流程自动化（RPA）技术通过模拟人工操作，能够自动完成凭证录入、账户对账等重复性工作。自动化和无缝连接不仅提升了财务管理的效率，还显著降低了操作风险，为财务人员从事务性工作中解放出来创造了条件。

（三）风险管理与控制的实时化与精准化

风险管理与内部控制是财务工作的核心职能之一，创新技术的应用使这一领域发生了革命性变化。传统的风险管理通常依赖于事后分析和经验判断，而创新技术的引入，使财务系统能够实现实时监控与动态调整，为企业提供更加精准的风险管理能力。

通过大数据分析技术，智能财务系统能够整合内部交易记录、外部市场数据，以及政策信息，实时识别潜在的财务风险。在现金流管理中，系统可以动态分析企业的资金使用情况，并在出现资金缺口的早期发出预警。实时化的风险监控能力，有助于企业及时采取应对措施，降低风险敞口。区块链技术通过记录不可篡改的交易数据，增强企业内部控制的透明性和有效性，使财务管理更加安全可靠。

（四）财务职能的战略化转型

创新技术对财务工作的颠覆不仅体现在流程优化和工具应用上，更重要的是推动了财务职能从支持角色向战略核心的转型。传统的财务工作主要围绕核算和报告展开，其价值更多体现在保障企业财务数据的准确性上。而在智能财务环境中，创新技术的应用使财务工作能够直接参与到企业战略规划和运营优化中，成为创造价值的重要驱动力。

通过人工智能和预测分析技术，财务部门能够基于海量数据，为企业提供更具前瞻性的财务预测与分析。这种能力帮助企业管理层更准确地制定资源配置方案和长期发展战略。云计算技术通过提供灵活的财务分析平台，使财务团队能够更加高效地与其他业务部门协同，形成全方位的决策支持体系。战略化转型，不仅提升了财务工作的价值创造能力，也进一步确立了管理会计在企业经营中的核心地位。

创新技术对财务工作的颠覆体现在多个方面，包括数据采集与分析的智能化、财务流程的自动化、风险管理的精准化，以及财务职能的战略化转型。这些技术不仅提升了财务工作的效率与准确性，还深刻改变了管理会计的角色定位与价值体现。通过创新技术的全面应用，财务工作正在从传统的事务性职能转型为企业战略支持和价值创造的重要力量。

第二节　智能财务与其他领域的融合

一、智能财务与供应链管理的联动

智能财务作为企业管理的重要组成部分，正在与供应链管理这一核心领域产生深度联动。现代供应链管理不仅涉及物流、采购和库存等环节，还需要整合财务信息以优化资源配置和运营效率。在此背景下，智能财务通过大数据、人工智能、区块链等技术手段，打破了财务和供应链之间的信息壁垒，实现从数据采集到战略决策的全面联动。

（一）实时数据共享与决策支持

智能财务在供应链管理中的重要作用体现在实时数据共享与决策支持上，传统供应链管理与财务系统之间的信息交互往往存在滞后性，导致决策无法及时反映业务变化；而智能财务通过与供应链系统的深度整合，实现了数据的实时共享和动态更新，为供应链的优化提供了更为精准的决策依据。

在供应链的采购管理环节，智能财务能够实时获取供应商的财务状况、历史交易数据，以及市场动态，从而为采购决策提供有力支持。通过分析供应商的信用记录和财务健康度，智能财务系统可以帮助企业选择更可靠的合作伙伴，降低供应风险。在库存管理中，财务数据与库存数据的实时共享，使企业能够基于实际需求调整采购和生产计划，避免库存过剩或短缺问题。实时数据共享不仅提升了供应链的敏捷性，也为企业的资源配置提供了科学依据。

（二）成本优化与效益提升

智能财务通过精准的成本分析和动态优化，为供应链管理的降本增效提供强有力的技术支持。传统的供应链成本管理通常采用静态成本核算方法，难以适应复杂的市场变化；而智能财务结合大数据和人工智能技术，能够动态分析供应链中的各项成本要素，为企业提供更加精准的成本管理工具。

在物流环节，智能财务系统可以整合运输成本、仓储费用和能源消耗等多项数据，通过算法模型模拟不同方案的成本与效益，帮助企业选择最佳的物流方案。在供应链的整体优化上，智能财务还能够识别各环节中的低效和冗余资源，为企业制订更加高效的资源配置方案。动态的成本优化能力，不仅降低了企业的运营成本，也显著提高了供应链管理的整体效益。

（三）风险管控的全链条覆盖

智能财务系统能够实时监控供应链中各环节的风险指标，并结合外部数据进行动态风险评估。当供应商的财务状况出现异常时，系统可以发出预警，帮助企业及时调整采购策略，避免因供应中断而造成的运营损失。在汇率波动、原材料价格变化等外部风险的管理中，智能财务系统可以通过预测模型模拟多种市场情景，为企业提供应对策略。全链条的风险管控能力，使供应链在复杂环境下更加稳健，为企业的长远发展提供了有力保障。

（四）区块链技术促进供应链透明化

智能财务与供应链的融合中，区块链技术的应用进一步推动供应链管理的透明化与信任机制的构建。传统供应链管理中，由于信息的分散性和不对称性，常常导致交易环节缺乏透明度,增加财务核算和风险管理的复杂性。而区块链技术通过不可篡改的分布式账本,为供应链中的每一笔交易提供了可追溯的数据记录。

在智能财务框架下,区块链技术不仅能够记录供应链中的物流和信息流,还能够实现资金流的实时跟踪。基于区块链的透明化管理,减少了供应链中的舞弊风险,为企业的财务管理和供应链优化提供了更加可靠的数据基础。

智能财务与供应链管理的联动,通过实时数据共享、动态成本优化、全链条风险管控,以及区块链技术的应用,全面提升供应链的管理水平和运营效率。深度融合不仅实现了财务与供应链之间的无缝衔接,还为企业的管理会计提供了新的技术工具和分析视角。在数字化转型的浪潮下,智能财务与供应链管理的协同作用将成为企业增强竞争力的重要驱动力,为管理会计从传统职能向战略价值创造转型提供了坚实的基础。

二、智能财务在金融服务中的延伸

随着数字化技术的持续进步,智能财务不仅在企业内部管理中发挥关键作用,也逐步延伸至金融服务领域。金融服务业作为高度依赖数据和技术的行业,与智能财务具有天然的契合点。通过人工智能、大数据分析和区块链技术,智能财务在信贷风险评估、资产管理、金融监管等领域带来了全新的技术手段与解决方案。这种延伸不仅优化了金融服务的效率与质量,也推动了金融服务模式的创新与变革。

(一)信贷风险评估的智能化升级

智能财务在金融服务中的显著应用之一是信贷风险评估的智能化升级,传统的信贷风险评估主要依赖人工分析与静态数据模型,评估效率较低且准确性受到诸多限制;而智能财务通过整合大数据与人工智能技术,实现动态、多维度的风险评估,为金融机构的信贷决策提供了强有力的支持。

在实际应用中,智能财务系统能够将企业财务数据与外部数据源相结合,包括市场数据、行业趋势,以及企业的运营数据。通过机器学习算法,系统能够识别出数据中的潜在风险信号,并为信贷决策提供更精准的建议。智能化的风险评估方式,不仅降低了金融机构的信贷损失率,也为优质企业的融资需求提供了更高效的服务支持。

（二）资产管理的精准化与高效化

智能财务在资产管理领域的应用极大地提升了金融服务的精准化与高效化水平。传统的资产管理工作依赖于人工分析和经验判断，效率较低且存在一定的主观性。智能财务通过数据驱动的分析方法以及智能算法，能够实时处理海量数据，帮助资产管理机构制定更加科学的投资策略。

在资产配置过程中，智能财务系统可以根据客户的财务目标和风险偏好，自动生成个性化的资产组合方案。这种方案基于多维度数据分析，包括市场动态、宏观经济环境和客户财务状况，从而确保资产配置的合理性和科学性。智能财务还能够实时监控资产组合的表现，当市场出现波动时，系统可以及时调整投资策略，降低潜在风险。精准化的资产管理能力，为金融服务的高质量发展提供了重要保障，并显著提升了客户的投资回报率。

（三）金融监管的技术化与透明化

智能财务技术的应用在金融监管领域同样具有重要意义，随着金融市场的快速发展，传统的监管手段难以应对复杂的金融交易和快速变化的市场环境。而智能财务通过区块链、大数据分析和人工智能技术，为金融监管提供了全新的工具，显著提升了监管效率与透明度。

区块链技术在金融监管中的应用为监管机构提供了更高效的数据跟踪手段，通过区块链技术，金融交易的每一个环节都能够完整记录且不可篡改，为监管机构实时掌握金融活动的动态提供了技术支持。大数据技术可以帮助监管机构从海量数据中发现潜在的违规行为或异常交易，提高了风险预警的及时性。人工智能算法能够分析复杂的金融产品和交易结构，识别隐藏在其中的系统性风险。这些技术化的监管手段，不仅提高了金融服务的安全性，也推动了金融行业的规范化发展。

（四）普惠金融服务的深化与优化

智能财务的延伸在普惠金融服务领域表现尤为突出，传统的金融服务模式由于成本较高和技术限制，难以有效覆盖中小企业和个人客户的需求；而智能财务通过技术赋能，大幅降低了金融服务的门槛，并提升了服务的精准性和普惠性，为实现金融资源的公平分配提供了可能。

在普惠信贷领域,智能财务系统能够整合企业财务数据与第三方数据,税务记录、物流信息等,快速完成信用评估并生成个性化贷款方案。这种模式使金融机构能够以更低的成本服务中小企业和长尾客户,扩大了普惠金融的覆盖面。在支付结算和财富管理领域,智能财务通过数字化工具和自动化服务,为个人客户提供了便捷的金融服务体验。

智能财务在金融服务领域的延伸,为信贷风险评估、资产管理、金融监管,以及普惠金融服务带来了深刻变革。这种延伸通过技术驱动的模式提升了金融服务的效率与质量,同时优化了金融资源的配置方式。在智能财务与金融服务深度融合的过程中,技术创新正逐步释放其潜力,推动金融行业实现更加精准化、普惠化和透明化的发展。

三、财务智能化与企业文化的结合

随着智能化技术在财务管理中的广泛应用,企业管理模式与文化建设也受到了深刻的影响。财务智能化不仅改变了财务工作的操作方式,还对企业文化产生了潜移默化的塑造作用。企业文化作为企业价值观、行为方式和管理理念的体现,与智能财务的深度结合正在推动企业整体管理方式的创新。通过构建以数据驱动为核心、协作共享为导向的智能财务文化,企业能够更高效地利用资源,提升组织的竞争力和员工的凝聚力。

(一)数据驱动文化的建立

财务智能化为企业文化注入了数据驱动的管理理念,使企业在决策和管理过程中更加注重数据的价值。传统的企业文化中,决策往往依赖于经验和直觉,而智能财务通过数据分析和算法模型的支持,为企业提供了科学的决策依据,推动了数据驱动文化的形成。

在这种文化下,企业的各级管理者和员工都被鼓励基于数据进行分析和讨论,以减少主观判断对决策的干扰。以数据为导向的文化,不仅提高了企业决策的透明度和科学性,还培养了员工利用数据解决问题的能力。随着数据驱动文化的深入,企业的管理方式逐步从经验导向转变为科学导向,提升了组织的整体效能。

（二）协作共享的工作氛围

财务智能化促进了企业内部协作与信息共享，为建立开放、协作的企业文化奠定了基础。传统企业中，部门之间的信息往往孤立，各自为政的工作方式容易造成资源浪费和效率低下。而智能财务通过集成化平台和实时数据共享机制，打破了部门之间的信息壁垒，推动了跨部门的协作与资源整合。

在智能财务系统支持下，财务部门与业务部门能够基于统一的数据平台开展协作。协作共享的模式，不仅提高了企业的内部运转效率，还在员工之间营造了更加开放和信任的工作氛围。财务智能化推动的协作文化，使企业各部门能够在共同目标的驱动下开展协作，从而增强了组织的凝聚力和执行力。

（三）创新与学习文化的强化

智能财务技术的应用需要企业不断更新和适应新技术，对企业的创新与学习文化提出了更高的要求。财务智能化带来了新的工具、系统和方法，要求员工具备快速学习和适应的能力，而这种技术变革也成为推动企业创新文化发展的重要动力。通过引入智能财务技术，企业需要定期开展相关的培训与学习活动，帮助员工掌握新技术和新工具的应用。学习文化不仅提高了员工的技术能力，还激发了员工对创新的兴趣和热情。

（四）伦理与信任机制的重构

智能财务的引入还对企业文化中的伦理与信任机制提出新的挑战和要求，智能财务系统虽然能够显著提高工作效率，但其自动化和透明化特性也使企业内部的权责分配和隐私保护面临新的问题。如何在技术应用中保持对员工的信任，同时建立明确的伦理规范，成为企业文化建设的重要议题。

在实践中，企业需要通过透明的规则制定和沟通机制，平衡智能化技术应用与员工权益之间的关系。在智能财务系统的绩效管理功能中，企业明确数据使用的范围和目的，避免因数据分析的不当应用而引发员工的抵触情绪。通过建立完善的伦理规范和监督机制，确保智能财务系统的运行符合企业的核心价值观和社会责任要求。基于技术和伦理的信任机制，不仅增强了员工对企业的认同感，也为智能财务的长期应用创设了良好的文化环境。

财务智能化与企业文化结合的实施方案如表6-1所示。

表 6-1　财务智能化与企业文化结合的实施方案

实施步骤	具体内容
1. 明确结合目标	确定财务智能化对企业文化的具体影响目标,如提升数据驱动、协作、创新能力
2. 技术基础搭建	部署智能财务系统,涵盖数据采集、分析工具及协作平台,确保数据互通和安全性
3. 数据驱动推广	开展数据应用培训,培养员工基于数据分析解决问题的能力,推动决策透明化与科学化
4. 强化协作机制	通过智能财务平台实现跨部门数据共享,优化协作流程,营造透明、信任的工作氛围
5. 培养创新文化	提供技术培训和创新工具支持,鼓励员工探索智能财务技术在工作中的应用场景
6. 建立伦理规范	制定财务智能化的使用规则,明确数据隐私保护与操作透明的要求,强化技术应用的伦理意识
7. 绩效监控与反馈	建立智能化应用与文化融合的绩效指标,定期评估实施效果,收集员工的改进建议

财务智能化与企业文化的结合,不仅推动了企业管理理念的转型,还为企业的长期发展注入了新的动力。从数据驱动文化的建立到协作共享氛围的形成,从创新学习文化的强化到伦理与信任机制的重构,智能财务与企业文化的融合正全面重塑企业的管理模式和价值观。在智能财务的推动下,企业文化将成为实现技术与管理深度融合的重要支撑,为企业创造更加长远的竞争优势。

四、财务智能化与环保经济的融合

在全球可持续发展议程的推动下,环保经济已成为企业管理的重要方向。而财务智能化作为企业数字化转型的重要环节,通过技术手段为环保经济提供了更为科学和高效的支持。智能财务利用大数据、人工智能、区块链等技术,能够对环保经济中的资源消耗、碳排放和循环经济进行精准管理与实时监控。这种融合不仅提升了环保经济活动中的财务透明度与效率,也为企业在可持续发展中的绩效衡量提供了重要支持。探讨财务智能化与环保经济的融合,不仅能够揭示技术赋能绿色发展的具体路径，还能为企业的长期可持续竞争力提供深刻启示。

（一）碳排放管理的精细化与智能化

财务智能化在环保经济中的核心应用之一是碳排放管理的精细化与智能化。随着碳中和目标的推进，企业在生产和运营中需要对自身的碳排放进行准确监控与合理管理，而传统的手工统计和分散式管理方式难以满足这一要求。智能财务通过整合碳排放数据与财务数据，为企业提供了一套完整的碳管理解决方案。

智能财务系统能够实时采集企业生产运营中产生的碳排放数据，并将其与各业务环节的财务数据关联起来。基于人工智能算法的预测模型，智能财务还可以模拟不同减排方案对企业财务和环保绩效的影响，为企业在碳交易市场中的决策提供数据支持。智能化的碳排放管理能力，不仅提升了企业的环保绩效，还显著优化了碳资产管理。

（二）绿色投资与绩效评价的科学化

财务智能化为环保经济中的绿色投资与绩效评价提供了科学化的技术支持，绿色投资作为企业参与环保经济的重要形式，对可再生能源、环保技术和循环经济等领域进行科学的财务规划与效益衡量；而传统的投资分析方法在面对复杂的环境变量时往往显得力不从心。

智能财务通过大数据分析和人工智能建模，能够全面评估绿色投资的经济效益和环境效益。在企业决定投资太阳能发电项目时，智能财务系统可以整合能源市场数据、政策补贴信息，以及技术发展趋势，分析投资的回报周期、风险因素和环保贡献。智能财务还能够构建多维度的绩效评价体系，将经济指标与环保指标结合起来，实现绿色投资绩效的综合评价。科学化的分析和评价方式，为企业合理配置资源、实现环保经济目标提供了有力支持。

（三）循环经济中的资源管理优化

循环经济作为环保经济的重要组成部分，强调资源的高效利用与再生，而财务智能化在这一领域展现了强大的资源管理优化能力。传统的资源管理方式常常面临信息不对称、资源流动跟踪困难等问题，而智能财务通过区块链和大数据技术的结合，为循环经济的资源管理提供了透明化和智能化的解决方案。

在实际应用中，智能财务系统能够跟踪资源的整个生命周期，从采购、生产到再生利用,确保每一环节的资源数据都能够实时记录并追溯。在废旧材料回收环节,智能财务系统可以记录回收材料的来源、数量及再利用的成本与效益。数据的透明性使企业能够优化资源使用,提高循环经济活动中的经济效益。通过对资源流动进行智能分析,企业能够识别出资源浪费的环节并制定改进措施。

财务智能化与环保经济的融合,通过碳排放管理、绿色投资优化、循环经济资源管理,以及政策合规性的支持,推动企业在环保经济中的深度参与。这种融合不仅提升了企业的环保绩效和经济效益,也为社会的可持续发展提供了技术支撑。在智能财务的赋能下,企业能够更高效地将环保目标融入财务管理,形成以绿色发展为导向的经营模式。

第三节 智能财务的全球化发展

一、全球智能财务的技术标准化

在智能财务的全球化进程中,技术标准化是推动其跨国界应用和普及的核心要素。智能财务涉及数据采集、处理和分析等多个环节,而各国企业在技术规范、数据标准和系统架构上存在显著差异。差异不仅增加智能财务跨国应用的复杂性,还限制了国际间的协同与资源共享。通过推动全球技术标准化,能够有效消除技术壁垒,实现财务系统的互联互通和高效运行,同时为企业跨国运营提供更加统一和透明的财务管理基础。探讨全球智能财务的技术标准化,是理解智能财务如何支持全球经济一体化的重要环节。

(一)数据结构与格式的统一

智能财务的技术标准化需要解决数据结构与格式的统一问题,不同国家和地区对财务数据的存储格式、命名规则和分类方法各不相同,多样性导致了跨境财务数据整合的困难,也影响财务系统间的兼容性。统一的数据标准是实现智能财务全球化的基础,可以确保不同系统之间的数据交换更加高效和准确。

通过国际标准化组织(ISO)等机构的推动,全球范围内逐渐形成一些通用的数据格式和编码规则。统一采用国际财务报告标准(IFRS)作为数据分类和报表生成的基础,使财务数据在跨国企业和国际监管机构之间能够实现无障碍传输。采用标准化的 API 接口,确保不同智能财务系统之间能够顺畅地进行数据交互。标准化实践不仅提高了财务数据的透明度,还为企业开展跨境业务和合规性审查提供了技术支持。

（二）技术平台的互通性建设

在智能财务的全球化发展中,不同技术平台之间的互通性是另一个关键的标准化领域。各国企业采用的智能财务系统和技术架构差异较大,不仅导致系统整合成本高昂,还限制了企业在全球范围内的协同能力。通过推动技术平台的互通性标准化,可以实现系统间的无缝集成,降低企业的运营成本,提升智能财务在国际范围内的适用性。

全球技术平台的互通性建设主要体现在标准化的通信协议和数据交换机制上。通过制定统一的云计算服务协议,各国企业可以在全球范围内高效部署和使用智能财务系统。同时,区块链技术的标准化应用,也为跨国财务数据的可信传输和实时共享提供新的可能性。

（三）人才与教育标准的建立

技术标准化不仅体现在系统和平台上,还需要通过人才与教育的标准化来推动智能财务的全球化发展。智能财务技术的应用依赖于高水平的专业人才,而各国对智能财务相关技能和知识体系的认知存在差异,差异制约了技术的推广和应用。通过建立全球统一的智能财务教育与认证标准,可以促进人才流动和知识共享,提升企业在国际市场中的竞争力。

国际会计师协会和其他专业组织正在推动智能财务相关的教育和培训标准化。推出统一的智能财务认证课程,涵盖大数据分析、人工智能应用、区块链技术和国际财务报告标准等内容,为全球范围内的财务从业者提供统一的技能培训。通过国际性的人才交流项目,为企业培养适应多元化市场需求的财务智能化专业人才。人才与教育标准化的实施,为智能财务技术的全球推广提供了重要的智力支持。

全球智能财务的技术标准化,通过统一数据结构、加强平台互通、协调监管标准,以及推动人才教育,为智能财务的跨国应用与发展提供了强有力的技术与制度保障。这种标准化实践不仅降低了智能财务在全球范围内的实施成本，还为企业提供了更加统一和透明的财务管理工具。在全球经济一体化的背景下，技术标准化将成为智能财务全球化发展的核心驱动力，为国际企业的协同运营与可持续发展创造更多的可能性。

二、跨国企业智能财务的挑战与机遇

在全球化经济的背景下，跨国企业面临着更加复杂的财务管理需求。智能财务作为技术驱动的财务管理新模式，不仅在优化企业财务流程、提升效率和决策能力方面展现出巨大潜力，也为跨国企业应对多元化市场的复杂性提供了技术支持。智能财务技术为跨国企业开辟了全新的发展机遇，包括实时监控全球财务运营、优化资源配置，以及提升国际竞争力。深入探讨跨国企业智能财务的挑战与机遇，有助于理解其在全球化发展中的实际价值和技术应用的边界。

（一）多元化法律法规的挑战

跨国企业在智能财务应用中面临的主要挑战之一是多元化的法律法规，不同国家和地区对财务数据管理、税务申报和隐私保护的要求存在显著差异，智能财务系统在设计与应用中必须同时满足这些复杂的合规性要求。多元化的法律环境给跨国企业带来了较高的成本和技术难度。

2018年5月25日，欧洲联盟出台《通用数据保护条例》（GDPR），对财务数据的采集、存储和处理提出了严格的隐私保护要求；而在美国，税务合规和财务报告强调透明性和实时性，对系统的响应速度和透明度提出了额外要求。

（二）数据整合与系统兼容性的难题

数据整合与系统兼容性是跨国企业智能财务应用的另一个重大挑战，跨国企业的财务数据通常来源于多个国家、子公司和业务部门，各自采用不同的语言、格式和存储系统。这种分散式的数据管理模式导致智能财务系统在整合全球数据时面临技术瓶颈。

智能财务的核心在于数据驱动的决策支持，但当数据源分散且缺乏一致性时，系统的分析能力将大打折扣。不同子公司会使用不同的会计准则，导致合并报表编制的复杂性增加。智能财务系统需要与现有的 ERP 系统、CRM 系统和业务管理平台实现无缝对接，但不同系统之间的接口标准和通信协议差异很大，需要进行深度定制。数据整合与系统兼容性的难题，增加了智能财务系统的实施成本，也会影响其应用效果的发挥。

（三）全球化运营中的实时数据洞察

尽管面临诸多挑战，智能财务依然为跨国企业提供极具吸引力的机遇，尤其是在全球化运营中的实时数据洞察方面。传统的跨国企业财务管理往往依赖于事后汇总和静态分析，这种模式难以适应快速变化的市场环境。而智能财务系统通过整合全球数据，实现了财务信息的实时采集与动态分析，为企业提供了前所未有的透明度和洞察力。

智能财务系统可以实时监控全球范围内的现金流动情况，帮助企业优化资金使用效率。通过人工智能算法，系统能够预测不同市场的财务风险并提供针对性解决方案。实时数据洞察能力，不仅提升了企业的运营效率，也为企业应对复杂的国际市场提供了技术支持。通过智能财务，跨国企业能够在更高层次上实现资源整合和业务协同，从而在全球化竞争中占据优势地位。

（四）跨文化环境中的人才培养与技术适应

智能财务的全球化发展还为跨国企业的人才培养与技术适应创造了新的机遇。在智能财务的推动下，企业对财务从业人员的技能要求发生了显著变化，他们不仅需要具备财务知识，还需要掌握数据分析和智能技术的应用能力。

跨国企业可以借助智能财务技术，建立统一的员工培训与技术适应体系。通过在线培训平台，企业可以为全球员工提供统一的智能财务技能课程，涵盖数据分析、AI工具使用和区块链技术等内容。全球化的人才培养模式，不仅提升了员工的技术能力，也增强了企业的文化凝聚力。智能财务的应用还为员工的职业发展创造了更多可能性，如通过参与跨国项目，提升员工的国际化视野和管理能力。

跨国企业在推动智能财务的过程中，同时面临复杂性和创新性带来的挑战与机遇。从多元化法律法规和数据整合的难题，到数据隐私和网络安全的风险，再到实时数据洞察和全球人才培养的机遇，智能财务正在重塑跨国企业的财务管理模式和全球化运营策略。通过妥善应对挑战，充分利用智能财务的技术优势，跨国企业能够在快速变化的国际市场中实现更高效、更透明和更具有竞争力的财务管理体系，为全球经济一体化进程提供强有力的支持。

三、国际智能财务领域的合作趋势

智能财务作为企业管理的核心技术之一，正在全球范围内得到广泛应用与推广。在这一进程中，各国企业和机构逐渐认识到，推动智能财务的国际化发展不仅需要技术进步和本地化适配，更需要跨国界的协同与合作。通过国际间的技术共享、标准制定，以及创新联合，智能财务领域的合作趋势正在加速形成。合作趋势不仅推动了技术的跨境传播，还促进了全球范围内财务管理理念的深度融合。

（一）技术标准化合作的深化

国际智能财务领域的合作体现在技术标准化的深化上，由于智能财务的技术基础涉及大数据、人工智能、区块链等多项复杂技术，各国企业和组织在实际应用中采用的技术框架和标准往往存在较大差异。这种差异不仅导致跨国企业在整合财务系统时面临障碍，也限制了智能财务技术在全球范围内的普及与推广。

在实践中，国际标准化组织（ISO）、国际财务报告标准委员会（IASB）等机构积极推动智能财务技术的全球统一。在区块链应用方面，全球多个国家和企业共同参与制定分布式账本的技术协议与安全标准，确保跨境交易的数据一致性和透明性。在大数据分析领域，各国的技术企业通过合作开发数据格式、接口标准和数据处理算法，为智能财务系统的互联互通提供了技术保障。标准化合作的深化，不仅降低了跨国企业智能财务系统的实施成本，也为全球范围内的技术创新奠定了基础。

（二）国际财务技术创新联盟的兴起

智能财务领域的技术创新离不开国际合作，而近年来，国际财务技术创新联盟的兴起成为推动这一领域合作的重要力量。这些联盟由企业、研究机构、技术公司，以及行业协会组成，旨在通过资源共享、知识交流和联合研发，推动智能财务技术的突破性进展。

国际性组织通过定期举办智能财务技术论坛和培训，为全球范围内的财务从业者提供了了解前沿技术的平台。一些企业通过联合研发项目，共同开发适用于不同国家和行业的智能财务解决方案。创新联盟的兴起，为技术交流与成果转化提供了广阔的空间，也加速了智能财务技术在全球的应用和推广。

（三）区域性智能财务合作模式的扩展

除了全球范围的合作，区域性智能财务合作模式也在不断扩展。不同地区的经济体根据其特定的发展需求与技术水平，通过区域性合作推动智能财务的应用。亚太地区的跨国企业和金融机构通过联合技术开发和资源整合，在智能财务系统的研发与应用方面取得了显著成效。

区域性合作模式的特点在于，其更加贴近具体市场需求。在东盟地区，企业与政府合作，通过建设智能财务技术孵化平台，为本地企业提供技术支持和培训服务。区域性合作还促进了智能财务技术在区域内的小微企业中的应用，推动普惠金融的实践。

国际智能财务领域的合作趋势正在通过技术标准化、数据共享机制、创新联盟和区域性合作等多种形式，为全球智能财务的推广和应用提供了重要支持。这种合作不仅降低了技术壁垒，提高系统的互联互通能力，还推动智能财务技术在不同国家和行业中的广泛应用。通过持续深化国际合作，智能财务的全球化进程将更加顺畅，跨国企业和机构将在这一过程中实现更高的运营效率与价值创造。

四、中国智能财务的国际影响力

随着中国经济实力的增强以及技术创新能力的提升，中国在智能财务领域的实践与发展逐步对国际市场产生了深远的影响。凭借先进的数字化基础设施、大量的企业实践案例，以及政策层面的支持，中国企业在智能财务技术的开发与应用中积累了丰富的经验，并形成了一套独具特色的管理模式。中国智能财务的国际影响力不仅体现在技术输出和标准制定上，还在推动全球企业财务转型及提升国际合作效率方面发挥着积极作用。

（一）技术创新的引领作用

中国在智能财务领域的技术创新已成为推动国际发展的重要力量，近年来，中国企业在人工智能、大数据分析、区块链等智能财务核心技术领域取得了显著突破，这些技术成果不仅推动了中国企业自身的财务管理升级，也在全球范围内被广泛采纳。

中国的技术企业在智能财务解决方案的研发中占据了重要地位，大型技术企业开发的智能报表系统、自动化审计工具和实时预算管理平台，不仅适用于本地企业的需求，还被跨国公司引入，用于优化其全球财务流程。中国在区块链技术中的深度应用，如基于区块链的财务数据安全与跨境支付解决方案，也为全球企业提供了值得借鉴的技术样本。技术创新的引领作用，提升了中国在智能财务国际合作中的技术话语权，也为国际市场带来了更多高效可靠的解决方案。

（二）标准制定中的重要角色

中国智能财务的国际影响力还体现在标准制定中的重要角色，随着智能财务技术的广泛应用，全球范围内对统一的技术和数据标准的需求越发迫切，而中国在这一过程中逐渐从技术参与者转变为规则制定者。

在国际财务标准的制定中，中国的参与日益深入。在财务数据的跨境流动和区块链应用的技术框架设计中，中国专家和企业为多个国际组织提供了重要建议。这种参与不仅帮助中国企业更好地融入国际市场，也使中国的智能财务模式成为全球企业借鉴的重要参考。中国还通过区域性合作，如"一带一路"倡议中的财务管理数字化项目，推广本地化的智能财务标准。

（三）跨境合作与国际化应用的推动

中国智能财务的国际影响力还体现在跨境合作与国际化应用的推动中，随着越来越多的中国企业"走出去"，智能财务技术被带入全球市场，并与当地的企业和机构展开深度合作。跨境合作不仅促进了中国智能财务技术的国际化应用，也推动了全球企业在财务管理方面的数字化转型。

（四）智能财务模式的经验输出

中国在智能财务领域的实践积累，为全球企业提供了独特的经验样本和模式参考。在智能财务的发展过程中，中国企业形成了一套基于高效、敏捷和创新的管理模式，这些模式对全球范围内的企业财务转型具有重要借鉴意义。

中国企业在财务管理中注重技术与业务的深度融合，通过搭建端到端的数据流转系统，实现了财务数据的实时采集和分析。这种模式不仅提高了财务运营效率，还将财务管理的视角拓展至企业的整体运营之中，推动了财务部门从支持角色向战略角色的转型。中国企业在智能财务系统的实施中注重成本控制，通过模块化设计和云计算技术，为中小企业提供了低成本的智能化解决方案。

中国智能财务的国际影响力体现在技术创新、标准制定、跨境合作，以及经验输出等多个方面。通过技术引领、标准推动和模式分享，中国不仅为全球智能财务的应用与发展作出了重要贡献，也在国际经济合作中进一步强化了自身的技术话语权和经济影响力。随着智能财务的全球化进程不断推进，中国的经验和技术将成为推动全球企业财务管理升级的重要力量。

第四节　智能财务的教育与人才发展

一、智能财务对会计教育的变革

随着智能财务技术的迅速发展，会计行业的职能和价值定位正在发生深刻的变化。变化直接影响到会计教育的目标和方法，使其面临全面的转型与升级需求。传统的会计教育模式主要围绕会计核算与报告展开，重点培养学生的理论知识与基础技能。智能财务的普及使自动化工具、大数据分析和人工智能技术成为财务管理的核心，会计教育必须紧跟这一趋势，融入技术应用与数据驱动的决策能力培养。

（一）知识体系的重构

智能财务的兴起促使会计教育的知识体系发生了重大变革，在传统会计教育中，知识体系以会计准则、财务报表编制和税务管理等基础内容为核心，技术知识的比重相对较小。在智能财务时代，技术驱动的财务管理模式对会计人才提出了更高的要求。会计教育必须重构知识体系，将智能财务技术融入核心课程，以满足行业对复合型人才的需求。

这一变革体现在课程内容的更新和教学重点的调整上，智能财务涉及的人工智能、大数据分析和区块链技术已成为会计教育的重要组成部分。高校在课程设计中逐渐加入这些内容，不仅讲授其基本原理，还注重其在财务管理中的实际应用能力培养。传统课程中的财务分析部分也通过引入数据挖掘与可视化技术，实现了从静态报告到动态分析的升级。知识体系的重构，使学生在学习过程中能够同时掌握财务与技术两方面的技能，为其未来在智能财务领域的职业发展奠定了坚实的基础。

（二）职业能力的多维度培养

智能财务的发展要求会计人才具备更加多维度的职业能力，而传统的会计教育主要关注核算技能和财务报表编制能力，与智能财务对综合型人才的需求存在一定脱节。

技术能力的培养是智能财务时代会计教育的重要内容，高校需要加强学生对智能财务工具的使用能力，如 RPA（机器人流程自动化）和 AI 财务分析工具的操作。数据分析能力的提升也成为重点，通过教授统计方法、数据可视化技术和预测模型应用，帮助学生将财务数据转化为有价值的商业洞察力。会计教育还需要注重培养学生的战略决策能力，使其能够在企业财务管理中承担更加重要的战略支持角色。多维度能力的培养，使学生在未来的职场中能够胜任更复杂的工作任务，也为智能财务时代的职业发展提供了更多可能性。

智能财务对会计教育的变革，从知识体系的重构到教学方法的数字化转型，再到职业能力的多维度培养，正在全方位推动会计教育的升级与进步。这种变革不仅使会计教育更加符合智能财务时代的职业需求，也为学生在复杂多变的商业环境中提供了强有力的竞争优势。通过将智能财务技术融入教育体系，会计教育将更好地为企业培养具有前瞻性和创新能力的复合型人才，为整个行业的可持续发展奠定坚实的基础。

二、新时代财务人才的培养模式

随着智能财务的快速发展，传统财务人才的技能需求发生了深刻变化。财务从业者不仅需要掌握基础的会计知识和核算技能，还需要具备跨学科的综合能力，包括数据分析、技术应用、业务洞察和战略支持能力。智能财务的时代要求财务人才在财务技术、业务协同和战略管理方面实现全面提升，对现有的财务人才培养模式提出了新的挑战。新时代财务人才的培养模式需要打破传统的单一学科结构，通过系统性变革满足智能财务发展的实际需求。

（一）跨学科能力的系统培养

智能财务的发展要求财务人才具备多学科背景，能够在复杂的商业环境中综合运用多种技能完成工作。对传统的以财务知识为主的培养模式提出了挑战，需要构建以跨学科能力为核心的培养体系。

跨学科能力的培养包括三个关键方面：技术能力、业务能力和战略思维能力。技术能力方面，学生需要掌握数据挖掘、算法设计和信息系统管理的基础技能，能够独立完成财务数据的整理与分析。业务能力方面，学生需要深入理解企业的运营模式，熟悉供应链、市场营销和生产管理等领域的知识，能够将财务数据与业务需求相结合。战略思维能力方面，学生需要具备从数据中提取洞察、支持高层决策的能力，如通过预测模型帮助企业优化资源配置或评估投资方案。系统化的跨学科培养模式，使学生能够从财务视角理解和解决企业管理中的复杂问题。

（二）个性化学习路径的建立

智能财务的发展进一步提升了对个性化财务人才的需求，不同企业和岗位对财务从业者的能力要求各不相同。新时代的培养模式需要建立灵活的个性化学习路径，根据学生的职业发展目标和个人兴趣，提供多样化的课程选择和发展方向。

个性化学习路径的实现需要依赖模块化课程设计和多维评价体系，高校可以将智能财务的教学内容分为多个模块，如智能报表分析、区块链应用、风险管理与合规等，学生可以根据自身的职业需求自主选择模块进行学习。通过建立多维度评价体系，关注学生在技术能力、业务洞察和战略决策等不同方面的表现，帮助其明确自身优势与改进方向。个性化的培养模式，使学生能够根据自身特长和兴趣领域深耕技术或业务方向，从而提升人才培养的针对性与实效性。

新时代财务人才的培养模式，以理论与技术的深度融合、跨学科能力的系统培养、实践与理论教育的动态结合，以及个性化学习路径的建立为核心，推动会计教育从传统的核算型向智能化转型。培养模式不仅提升学生在智能财务环境中的职业竞争力，也为企业财务转型提供了高质量的人才储备。通过持续优化教育体系，智能财务的时代将培养出更多具备技术、战略和创新能力的复合型财务人才，为全球智能财务的发展注入源源不断的动力。

三、财务人员的职业规划与技能升级

智能财务的快速发展正深刻改变着财务人员的职业路径和技能需求，在智能技术的驱动下，传统的核算型财务工作逐步被自动化工具替代，财务人员的职能正向分析型、战略型和综合型角色转变。这一趋势对财务人员的职业规划和技能升级提出了更高要求。财务人员需要重新定位自己的职业目标，从单一的事务性操作转向数据分析、业务洞察和价值创造。技能升级也成为必然，要求财务人员掌握智能财务技术、提升业务敏锐性，并具备战略支持能力。

（一）职业角色的重新定位

智能财务技术的普及要求财务人员对自身的职业角色进行重新定位，传统财务人员主要负责记账、核算、报表编制等重复性工作，而智能化技术的引入正在逐步取代低附加值的工作内容。这种变化促使财务人员向更高价值的岗位迁移，重新思考自己的职能定位。

在智能财务环境下，财务人员需要更多地承担数据分析和决策支持的角色。通过智能财务工具对企业的财务数据进行实时分析，从中提取有价值的商业洞察，为管理层提供精准的战略建议。财务人员还需要参与企业的业务运营，将财务视角融入供应链、生产和市场等业务环节，实现财务与业务的深度协同。

（二）技术能力的全面提升

智能财务的运行依赖于人工智能、大数据分析、区块链等多项技术，财务人员需要全面提升自己的技术能力，以适应新的工作环境。在这一过程中，技术能力的培养不仅需要对智能财务工具的操作，还需要理解其背后的逻辑与原理，能够独立解决技术应用中的问题。

财务人员需要掌握如何通过大数据技术进行财务预测与分析，包括利用数据挖掘和建模工具识别财务风险和优化资源配置。机器人流程自动化（RPA）技术的广泛应用要求财务人员熟悉自动化流程的设计与管理，以便有效提高工作效率。

（三）业务敏锐性与跨界能力的增强

在智能财务环境中，财务人员的职业发展不再局限于财务部门，而是需要具备更强的业务敏锐性和跨界能力，以推动企业整体价值的提升。业务敏锐性要求财务人员对企业的核心业务流程有深入理解，并能够将财务数据转化为可操作的业务建议。跨界能力则要求财务人员能够在多部门协作中发挥桥梁作用，促进资源整合与信息共享。

（四）软技能与战略思维的培养

智能财务的快速发展对财务人员的软技能和战略思维提出了新的要求。智能工具虽然可以高效处理数据和完成基础分析，但无法完全替代人的判断力、沟通能力和创新意识。财务人员需要通过培养软技能和战略思维，在智能财务环境中发挥更高层次的作用。

沟通能力是财务人员的重要软技能之一，在与管理层和业务部门合作时，财务人员需要能够清晰地表达复杂的财务数据和分析结果，并用简单的语言解释其对业务的影响。财务人员还需要具备系统性和全局性的战略思维，如通过对市场趋势的洞察，为企业制定长期发展战略提供支持。软技能和战略思维的培养，使财务人员能够在智能财务的变革中始终保持核心竞争力。

财务人员的职业规划与技能升级是适应智能财务时代的核心议题，通过职业角色的重新定位、技术能力的全面提升、业务敏锐性与跨界能力的增强，以及软技能与战略思维的培养，财务人员可以在快速变化的环境中实现持续发展。这种转型不仅有助于财务人员更好地融入智能财务体系，也为企业在智能财务时代的转型提供了高质量的人才支持。

四、教育机构与企业的合作机制

智能财务的发展对财务人才的需求发生了深刻变化，要求从业人员不仅需掌握财务知识，还需具备技术能力、数据分析能力和战略思维。这种变化使传统的教育模式难以满足行业对高素质财务人才的需求。为了缩小教育与实际岗位要求之间的差距，教育机构与企业之间的合作成为推动智能财务人才培养的重要机制。通过产教融合、资源共享与实践结合，这种合作机制不仅提升了财务人才的培养质量，还增强了学生的就业竞争力，同时为企业发展提供了高效的人才支持。

（一）联合课程开发与教学资源共享

企业在课程开发中发挥了重要作用，企业可以提供智能财务工具和平台的操作案例，将这些实际案例融入课程设计，使学生能够通过案例学习掌握智能财务的实际应用技能。企业还可以通过与教育机构共享内部数据和资源，为教学提供真实的业务场景和技术工具支持。联合课程开发与教学资源共享，不仅提高了课程的实用性，还能够帮助学生更好地适应未来岗位的需求。

（二）企业实践基地与实习机会的拓展

实践是智能财务人才培养的关键环节，而教育机构与企业的合作能够为学生提供更广泛和高质量的实践机会。通过建立企业实践基地和提供实习机会，学生可以深入了解智能财务在实际运营中的应用,同时锻炼自身的技术能力与业务敏感度。

企业实践基地通常是教育机构与企业合作的重点领域,企业可以为高校设立专属的实训基地,通过模拟企业的财务流程和业务场景,让学生在虚拟环境中进行预算编制、数据分析和风险控制等工作。企业还可以通过提供暑期实习、校企联合项目等形式,让学生直接参与到企业的实际财务工作中,如参与财务数据的清洗与分析,或协助企业开展成本管理优化项目。实践机会不仅帮助学生将理论知识转化为实践技能,还提高了其对智能财务工具和技术的操作熟练度。

（三）联合科研与创新项目的推动

教育机构与企业的合作机制还体现在联合科研与创新项目的推动上,智能财务的发展涉及许多前沿技术的研究与应用,如基于人工智能的财务预测模型、区块链技术在审计中的应用等,这些课题不仅具有学术价值,也对企业的实际应用具有重要意义。

通过联合科研项目,教育机构与企业能够实现资源共享与优势互补。高校提供理论支持与数据分析能力,而企业可以提供真实的业务需求与实践场景,共同探索智能财务的创新应用。企业还可以通过支持高校的实验室建设、赞助科研项目等方式,推动智能财务领域的技术研发。合作机制还为学生提供参与高水平研究的机会,学生可以加入企业主导的智能财务技术开发团队,在实际项目中积累宝贵的经验。联合科研与创新项目的推动,不仅促进了技术的发展,也为学生的职业成长提供了更多方向和选择。

教育机构与企业的合作机制通过联合课程开发、实践机会拓展、联合科研推动以及反馈优化,为智能财务人才的培养提供了全面支持。合作不仅增强了课程的实践性与针对性,还帮助学生在校期间积累了真实的工作经验,从而更好地满足行业对智能财务人才的需求。这一合作机制也促进了教育与行业的深度融合,为智能财务领域的持续发展提供了高质量的人才保障,进一步加强和完善了教育机构与企业的合作机制,将成为推动智能财务教育变革的关键动力。

结　语

　　随着数字经济时代的全面到来,技术的迅猛发展正在深刻改变着企业的管理模式与财务实践。在这一背景下《智能财务：重塑管理会计的新范式》以智能财务为核心议题,系统分析技术与管理会计的深度融合如何推动传统财务转型。智能财务作为技术驱动下的创新方向,不仅重塑财务管理的内涵与外延,也对企业运营效率和战略支持提出了全新的可能性。本书基于理论探索与实践经验的结合,揭示智能财务崛起背后的逻辑与发展路径,为新时代的财务管理提供了思路启示。

　　智能财务是一个新兴领域,其发展面临诸多挑战与局限。本书在撰写过程中,无法覆盖智能财务在所有行业的细分实践与预计面临的问题。智能财务的理论体系与技术实践尚在快速演变,部分观点或许还需要时间的验证。随着技术的不断突破与行业的深入应用,智能财务将呈现出更加多样化与全球化的特征。期待更多的学者与实践者共同参与到智能财务的研究与探索中,为这一领域注入新的活力与智慧,推动管理会计迈向更加智能、高效的新时代。

参考文献

[1] 蔡玉标.数字经济时代智能财务生态构建研究 [J].中国市场,2024,(36): 193-196.

[2] 刘小虎,许琳涓,吴洁,等.智能财务共享的建设实践——以广西烟草为例 [J].会计之友,2024,(24): 31-35.

[3]Guo R. Research on the Development of Interdisciplinary Studies in Finance and Economics Universities: A Case Study of Smart Finance[J]. International Journal of New Developments in Education, 2024, 6(11): 7-9.

[4] 银盈,康艳芳.人工智能时代企业财务会计向管理会计转型的研究 [J].中国市场,2024,(31): 139-142.

[5]Fueltrax Rolls Out Smart Financing Program[J]. Wireless News, 2024, 10(1): 17.

[6]Fueltrax Launches Smart Financing Program[J]. Manufacturing Close-Up, 2024, 5(1): 10-12.

[7] 杨寅.新质生产力赋能智能财务建设的理论逻辑与体系架构 [J].会计之友, 2024, (21): 116-122.

[8] 马斌纯.人工智能时代企业财务会计向管理会计转型路径研究 [J].天津经济,2024, (10): 31-33.

[9] 杨培清.智能时代财务会计向管理会计转型的实践路径 [J].中国集体经济,2024, (25): 149-152.

[10] 吕书良.人工智能时代财务会计向管理会计转型路径研究 [J].财会学习,

2024, (20): 86-88.

[11] 朱艳霞. 浅议人工智能时代财务会计向管理会计的转型 [J]. 商业 2.0, 2024, (19): 105-107.

[12] 陈莎, 尹永香, 李明东. 智慧城市视域下管理会计专业学生就业率提升对策研究——以青岛城市学院为例 [J]. 市场周刊, 2024, 37(16): 175-178.

[13] 吴琼. 区块链下智能财务报告模型的构建研究 [J]. 商业会计, 2024, (9): 48-51.

[14] 莫铭秀. 智能财务背景下财务会计的数字化转型之路研究 [J]. 中小企业管理与科技, 2024, (9): 126-128.

[15] 孙如雪. 智能财务背景下管理型会计人才培养探索 [J]. 中国乡镇企业会计, 2024, (4): 193-195.

[16] 王雷, 段晓彦, 张晓媛, 等. 航天科研单位财务智能化、数字化建设的探索与实践 [J]. 航天工业管理, 2024, (3): 59-62.

[17] 李泓. 人工智能大模型助推智能财务新发展——上海国家会计学院智能财务高峰论坛综述 [J]. 新会计, 2024, (3): 37-41.

[18]Huang Y. From Digital Finance to Smart Finance–Research on Financial Management Platform of Chinese Universities based on AI[J]. Journal of Global Economy, Business and Finance, 2024, 6(1) :10.

[19] 高秀红. 基于智能财务背景下职业院校会计专业人才培养 [J]. 活力, 2023, 41(24): 181-183.

[20] 刘晓玲. 精细化财务管理助力医院高质量发展 [J]. 中国产经, 2023, (24): 170-172.

[21] 张丽华. 大数据背景下智能财务问题研究 [J]. 活力, 2023, 41(24): 19-21.

[22] 周文婷. 大数据时代智能财务问题研究 [J]. 活力, 2023, 41(24): 28-30.

[23] 翟天津. 智能财务背景下财务会计向管理会计转型教学研究 [J]. 财会学习, 2023, (36): 139-142.

[24] 林萍. 智能财务背景下基于产学合作的课程建设探索——以《财务分析》课程为例 [J]. 黑河学院学报, 2023, 14(12): 96-98+144.

[25] 厚文健. 浅析人工智能对我国企业财务管理的影响及应对策略 [J]. 企业改革与管理, 2023, (24): 65-67.

[26] 曾思琪. 人工智能时代财务会计向管理会计转型研究 [J]. 广东经济, 2023, (18): 65-67.

[27] 连琼凤. 高校智能财务模型构建: 从智能核算到智能决策 [J]. 商业会计, 2023, (24): 45-49.

[28] Hu S. Research on Comprehensive Budget Performance Management in Universities under the Background of Smart Finance[J]. Accounting and Corporate Management, 2023, 5(11): 28-30.

[29] 高艺. 智能化时代财务会计向管理会计转型的关键点 [J]. 财经界, 2023, (18): 102-104.

[30] 石金巧. 人工智能时代财务会计向管理会计的转型 [J]. 质量与市场, 2023, (9): 154-156.

[31] 区永亮. 人工智能背景下财务会计向管理会计的转型 [J]. 纳税, 2021, 15(35): 74-76.

[32] 南京大学智能财务研究课题组. 智能财务教程 [M]. 南京: 南京大学出版社, 2019.